LOCUS

LOCUS

from
vision

from 144

後悔的力量：
全面剖析「悔恨」背後的行為科學，將「遺憾」化為高效行動力

作者：丹尼爾・品克（Daniel H. Pink）
譯者：趙盛慈
責任編輯：潘乃慧
封面設計：廖韡
校對：聞若婷
出版者：大塊文化出版股份有限公司
105022 台北市松山區南京東路四段 25 號 11 樓
www.locuspublishing.com
讀者服務專線：0800-006689
TEL：(02)87123898　FAX：(02)87123897
郵撥帳號：18955675　　戶名：大塊文化出版股份有限公司
法律顧問：董安丹律師、顧慕堯律師

總經銷：大和書報圖書股份有限公司
地址：新北市新莊區五工五路 2 號
TEL：(02) 89902588　FAX：(02) 22901658
初版一刷：2023 年 4 月

定價：新台幣 380 元
Printed in Taiwan

後悔的
力量

THE
POWER OF
REGRET
HOW LOOKING BACKWARD MOVES US FORWARD

全面剖析「悔恨」背後的行為科學
將「遺憾」化為高效行動力

Daniel H. Pink
丹尼爾・品克——著

趙盛慈——譯

目次

第二部
後悔教我們的一課

第三部

後悔，再造的力量

瞭解後悔，才不後悔

朱家安

（《哲學哲學雞蛋糕》作者）

　　有些人把情緒理解成某種與理性對立的東西：情緒化的人不理性，而理性的極致，則像《星艦迷航記》裡的仿生人「百科」，或《宅男行不行》裡的科學家謝爾頓・庫珀，不但自己缺乏許多情緒，也不太理解其他人的情緒。然而，在這些藝術塑造的形象之外，人類也逐漸發現情緒和理性的關聯，或者用邏輯學家可能不會喜歡的說法：情緒背後的「邏輯」。

　　例如，「恐懼」這種情緒其實有規則可循。首先，自然觸發的恐懼通常都有對象，你害怕考試、怕高，或者怕某種很多隻腳的生物。如果你沒來由地恐懼，也最好趕快搞清楚自己到底在恐懼些什麼。再來，恐懼總是指向未來，你害怕明天或下週考不好、怕自己從現在起隨時會從高處落下、怕「那隻生物」待會忽然落在牠不該出現的地方。稍微理解演化的人，不難想到恐懼有認知功能，能協助我們應對環境和未來、避開可能的危機，或至少確保在危機發生時，你的腎上腺素也出現在對的地方。

「噁心」的規則

　　另一個用認知理解情緒的例子，是「噁心感」。若某個東西令你噁心，你根本不會想要靠近。若某個東西吃到嘴裡讓你噁心，就算嘔吐也要把它吐出來。有些心理學家把這類噁心反應稱作「行為免疫系統」（behavioral immune system），不同於一般的免疫系統在體內處理毒物，行為免疫系統讓你身體力行、避開毒物，或將其排出體外。

　　身為人，我們不只可能覺得糞便、某些昆蟲，以及骯髒的角落噁心，也可能覺得其他人類噁心。人類學家發現，比起和自己相似的人，我們更可能對那些跟自己不相似的人起噁心反應。這種對「外邦人」的噁心反應，在過去或許保護了我們的祖先免於外來疾病威脅，但在現在則參與了某些人對於同性戀、窮人或東南亞移工的歧視。

　　有些人覺得移工「髒髒的」、看到男性和男性接吻就感到噁心，這些反應當然沒有什麼合理的事實依據，照道德心理學家海德特（Jonathan Haidt）或政治哲學家納思邦（Martha Nussbaum）的看法，這是古老的認知機制在複雜的現代社會走歪的結果。人類的情緒反應有演化基礎，但也受到後天文化的影響，當印度種姓制度可以把達利特（賤民）塑造成骯髒的形象，當納粹宣傳可以在字面意義上把猶太人描述為蛆蟲，人類的「噁心感警報」逐漸走火入魔，你也不會感到意外。

　　人天生充滿情緒，但又很難抵抗或者忽略情緒，這是為什麼佛教修行很困難，但當我們像上述那樣使用科學方法去理解各種情緒，就能更瞭解自己的種種感受代表些什麼，我們會更能和別人相處，也會更能和自己相處。若「理解人類情緒」是一大張拼圖，不難看出《後悔的力量》會是當中有獨特重要性的一塊，因為當我們回首人生，我們希望確認的不會是自己是否感受到害怕或噁心，而是我們是否有後悔跟遺憾。若我們能像掌握害怕的規則那樣，掌握後悔的規則，或許更有機會活出讓自己滿意的日子。

「後悔」的規則

為了替這些問題找答案，作家丹尼爾·品克（Daniel Pink）整理「世界遺憾調查」網站蒐集的上萬筆資料，搭配相關的科學研究，彙整成《後悔的力量》裡對於後悔的分析。

就像其他情緒，後悔也有規則可循。若「害怕」是針對我不想要的未來事件，「後悔」則針對我希望改變的過去事件。然而並不是所有我不想要的過去，都會引起我的後悔：我妹昨天吃壞肚子，我覺得這很糟，但要說這是一種後悔，好像很奇怪。然而，假設我妹吃壞肚子是我害的——例如我沒注意點心是否過期——那就另當別論了。後悔預設責任，要對過去的事件後悔，人必須相信自己對此事件有責任。

這帶給我們的啟發在於，若你高估自己對某些事的責任，可能就會白白承擔不必要的後悔。想想那些在充斥迷信和慣於管控女性身體的社會，後悔自己沒能遵守某些懷孕禁忌的女性，或者在其實努力了也沒有用的階級社會，後悔自己努力不足的魯蛇。責任感帶來後悔，只要塑造意識形態，讓你認為某些事情是你的責任，社會就能利用你的後悔來維持既有的秩序。

不合理的後悔讓我們受人操弄，合理的後悔則讓我們有更好的未來。品克指出，後悔往往伴隨著「要是心態」：「噴！**要是**當初我有注意點心是否過期就好了！」後悔和懊惱當然讓我不好過，但這種難受的體驗愈深刻，我妹妹未來吃到的過期點心就會愈少，理論上啦。

由此理解，後悔帶來的負面感受並非毫無意義，而是能協助人們反省並改進。後悔很痛苦，但若你的後悔有合理基礎，那最好的應對方式並不是消除它，而是聽聽它說些什麼，並改變將來的作法。如果有一管藥，喝了之後你就不會再萌生任何後悔的感覺，你最好別喝（雖然就算喝了你也不會後悔XD）。

掌握「後悔」，讓自己更好

害怕和噁心感讓我們遠離傷害，後悔則讓我們在未來不犯類似的錯，或許有人可能會問：既然知道是錯，比起犯了之後再改過，為什麼不一開始就不犯呢？品克想的也一樣，他在「世界遺憾調查」裡收到了上萬筆人生遺憾的分享，並在《後悔的力量》裡分成四大類，讓你可以預先稍微瞭解，若你錯過了這本書，在臨終之前可能會後悔些什麼。他山之石可以攻錯，別人的悔恨也一樣。

回首自己一生，人們悔恨些什麼呢？你不會意外許多遺憾是關於自己沒有堅持某種夠好的努力、沒有在特定時候勇敢踏出一步、沒有和重要的人維持聯繫等等，不過令我印象深刻的是，在這三種關於穩定生活、自我成長和人際關係的遺憾之間，還有另一種遺憾也可望成為臨終走馬燈的常客：這種遺憾，是關於「自己在某些時候表現得不夠良善」。

傷害或欺騙別人、背叛心愛的人、粗魯待人，這些都可能成為一輩子的疙瘩。要過上美好的人生，你最好是個善良的人。人生後悔與否，跟道德價值有關，這讓這項「理解人類情緒」的任務有了新的深度和意義。

如同我們演化而來的噁心感受到社會文化的影響，我們對於道德價值的看法也一樣。若社會強調個人責任和競爭，這可能使得人不合理地為自己無法改變的事情而悔恨。若社會歧視同性戀、用嬰靈迷信嚇阻女性墮胎，這也可能使得人因為不合理的道德信念而悔恨。《後悔的力量》看起來關注每個人自身，但其實映照出整個社會。

縱使人希望活得無所遺憾，有時更驕傲堅稱
一生無悔，這卻實在不可能，再怎麼說，我
們都是凡人。

——詹姆斯・鮑德溫（James Baldwin），一九六七年

第I部

扭轉後悔的印象

「無悔」是阻撓人生的廢話

一九六〇年十月二十四日，作曲家查理・杜蒙（Charles Dumont）在公事包內裝了一份樂譜，戰戰兢兢來到伊迪絲・琵雅芙（Edith Piaf）的巴黎高級公寓。琵雅芙年僅四十四，堪稱當代最知名的法國藝人，也是舉世聞名的歌者。但在成癮問題、意外事故、困頓生活摧殘下，不及四十五公斤的她體質孱弱。三個月前，曾因肝臟受損而昏迷過。

儘管琵雅芙身材纖弱，脾氣卻是出了名地難捉摸又易怒。在她眼裡，杜蒙和隨行的作詞家事業夥伴米歇爾・弗凱爾（Michel Vaucaire）都不過是二流的音樂人。那天稍早，她曾經吩咐祕書留言取消會面。琵雅芙起初並不想見杜蒙和弗凱爾，獨留他們尷尬地在公寓客廳裡空等。但琵雅芙就寢前一刻，竟然穿著一襲藍色連身睡裙現身，態度不再拒人於千里之外。

她告訴杜蒙和弗凱爾，原因是，她聽見了一首歌。

杜蒙坐在琵雅芙的鋼琴前，緊張地直冒汗。他開始彈奏歌曲，並柔聲念誦弗凱爾撰寫的歌詞。[1]

Non, rien de rien.

Non, je ne regrette rien.

不，無怨無悔。

不，我毫不後悔。

她要杜蒙再彈奏一遍。她說，這真的是他寫的歌嗎？琵雅芙把正在家中作客的幾名朋友找來一起聽。然後，又把管家和傭人叫來。

根據記載，杜蒙在那數小時一遍遍彈奏，不下二十多次。琵雅芙撥了通電話給奧林匹亞音樂廳（L'Olympia）的總監，要他來家中聽一聽這首音樂作品。奧林匹亞音樂廳是巴黎首屈一指的音樂表演場地。總監在黎明破曉前，抵達琵雅芙的宅邸。

Non, rien de rien.

Non, je ne regrette rien.

C'est payé, balayé, oublié.

Je me fous du passé.

不，無怨無悔。

不，我毫不後悔。

償還後，風吹了無痕，也遺忘了。

往事絲毫不留我心。

　　數週後，琵雅芙在法國電視節目上，演唱這首兩分十九秒的歌。十二月，在演唱會上，她以這首振奮人心的歌曲作為壓軸。應觀眾要求，她謝幕多達二十二次。該場演唱會，帶領奧林匹亞音樂廳躲過破產的嚴重危機。時至隔年底，這張名稱《我無怨無悔》（*Je ne regrette rien*）的唱片銷量已經超過了一百萬張，將琵雅芙從歌者推上偶像的寶座。

　　三年後，琵雅芙離開人世。

　　二〇一六年二月，一個寒冷的週日早晨，安柏・崔斯（Amber Chase）在加拿大西部城市卡加利的公寓住處醒來。她當時的男朋友（現在的丈夫）出城了，前一天晚上，她和幾名女生好友出門，有幾人留宿她家。當三五好友正啜飲含羞草雞尾酒閒聊，安柏不知哪來的靈感，在無聊的催化下，對朋友說：「我們今天去刺青吧！」於是一行人坐上車，由加拿大一號公路駛向小丑穿環紋身店（Jokers Tattoo & Body Piercing）。駐店刺青師在安柏的皮膚上，紋了兩個英文字。

安柏那天紋的圖案，和相距三千八百公里外的米雷拉・巴蒂斯塔（Mirella Battista）五年前決定紋的圖案幾乎一樣。巴西長大的米雷拉，在二十出頭時來到美國費城就讀大學。她非常喜歡移居到這座城市後的生活。就學期間，米雷拉在當地會計事務所找到一份工作。她交遊廣闊，甚至和費城當地的一名男孩愛情長跑了五年，只不過，兩人在論及婚嫁之際分手了。為了尋找她所謂的「重新開始鈕」，在美國住了九年的米雷拉打算搬回巴西。回國前幾週，米雷拉在右耳後方，紋上兩個英文字。

米雷拉並不曉得，她的兄弟傑曼諾・特利斯（Germanno Teles）前一年也紋了幾乎相同的圖案。傑曼諾從小迷戀重機。凡事注重安全的醫師雙親，不僅沒有相同的嗜好，也不支持。但傑曼諾仍設法學到重機的所有知識，攢下每一分錢，終於購入一輛鈴木牌重型機車。他愛極了。某天下午，傑曼諾在從小生長的巴西城市福塔雷薩（Fortaleza）附近的高速公路馳騁，被另一輛車攔腰撞擊，左腿受傷，從此再也無法騎重機快意飛馳。不久之後，他在傷膝正下方紋了重機圖案，一旁沿著疤痕走向，有兩個彎曲的草寫字。

傑曼諾那天紋的圖樣，跟二〇一三年布魯諾・桑托斯（Bruno Santos）在葡萄牙里斯本要紋的圖案幾乎一樣。擔任人資主管的布魯諾並不認識安柏、米雷拉和傑曼諾。那天下午，工作不順的布魯諾步出辦公室，逕自走向紋身店。出來時，他的右前臂紋了三音節的英文短句。

這四人，住在三大洲，身上紋有相同的兩個英文字：No Regrets（無悔）。

討喜卻風險十足的信條

信念，有些像生存的背景音樂，默默運作；有些是指引生活的聖歌。但幾乎沒有一種信念的詠唱聲，比「懊悔是蠢事」的信念更響亮——懊悔不僅浪費時間，也會讓我們不幸，這條訊息在文化的每一隅轟隆迴響；拋開過去，抓緊未來，閃躲苦澀，品嘗甜美，美好人生只能專注於一種方向（前方），擁有不可撼動的價態（正價態）。而後悔，兩項都不符合。它使你向後看、心情不美麗——快樂的血液容不下這樣的毒素。

無怪乎琵雅芙的歌曲在世界各國蔚為流行，成為音樂人仰望的成功標竿。傳奇爵士樂手艾拉・費茲潔

23

拉（Ella Fitzgerald）、英國流行樂明星羅比‧威廉斯
（Robbie Williams）、紐奧良樂團「史帝夫萊利與馬摩
花花公子」（Steve Riley & the Mamou Playboys）、美國
藍調樂手湯姆‧羅許（Tom Rush）、躋身鄉村樂名人堂
的愛美蘿‧哈里斯（Emmylou Harris）、饒舌歌手阿姆
（Eminem），這些音樂人都錄製過名為「無悔」的歌。
高檔汽車品牌、巧克力條、保險公司，紛紛在電視廣告中
播放琵雅芙的〈我無怨無悔〉，推崇無悔哲學。[2]

再說了，還有什麼樣的決心，比直接將信念紋成一條
花臂，來得更強烈？就像布魯諾，將無悔以黑色小寫字紋
在右手肘和手腕間，奉之為圭臬？

倘若數千個紋上身的圖案仍無法說服你，請聽一聽，
諾曼‧文森‧皮爾博士（Norman Vincent Peale）和露
絲‧貝德‧金斯伯格（Ruth Bader Ginsburg）大法官，這
兩位性別不同、信仰和政治觀念迥異的美國文化巨擘，是
如何一致贊同這個信條。皮爾博士不僅深刻影響二十世紀
基督教信仰的面貌，尼克森和川普也都深受他的啟發，這
位推崇正面思考的先驅提出忠告：「別給悔恨留空間。」
信仰猶太教的金斯伯格是美國最高法院史上第二位女性法
官，晚年的她，在美國自由派人士心中受到神一般的崇
拜。她也建議：「別浪費時間後悔。」[3]

如果你喜歡，也可以聽聽名人怎麼說。安潔莉娜‧

裘莉（Angelina Jolie）說：「我不來後悔這套。」巴布·狄倫（Bob Dylan）說：「我不來後悔這套。」約翰·屈伏塔（John Travolta）說：「我不來後悔這套。」跨性別明星拉薇安·考克斯（Laverne Cox）、推廣炭火漫步的勵志大師東尼·羅賓斯（Tony Robbins）、隨搖滾樂甩頭晃腦的「槍與玫瑰」吉他手史萊許（Slash），也都這麼說。[4]我敢打賭，你家附近的書店，有一半左右的自助書籍都這樣告訴你。美國國會圖書館更有超過五十本以「無悔」為題的書。[5]

反後悔哲學刻鑿在歌曲、紋於皮膚、受智者擁戴，這條不證自明的真理，實在不容置喙。能趨吉避凶，為何迎來痛苦？能在正能量的晴光下呼吸，為何招引烏雲？能勾勒無限可能的未來，為何抱憾昨日？

這是符合直覺的世界觀，看似正確，感覺深具說服力，卻有一個不小的瑕疵。

就是它大錯特錯。

反悔恨大軍並非擘畫一張打造充實人生的藍圖，而是「胡說八道」──請原諒我這麼說，但這是個精挑細選的形容詞。

遺憾既不危險，也非不正常，並不會帶你偏離幸福的康莊大道。它是健康而普遍的心態，是身為人所不可或缺的一塊。遺憾亦有其價值，它使你看清事實，具指引的力量。做對了,遺憾並不會拖垮你,反而引領你向上提升。

這些不是朦朧的白日夢,也不是用來哄著我們,在冷酷無情的世界中希冀一絲溫暖與關心的糖衣,而是科學家半個多世紀以來得出的研究結論。

本書談論遺憾。遺憾的感覺使人胃部翻攪 —— 你心想,若不是從前胡亂選擇、下了錯誤決定、行為太愚蠢,現在一定能過得更好,前途更加光明。在接下來十三個章節,希望你能從全新、更正確的角度看待遺憾,學習在今後持續善用遺憾之力,脫胎換骨。

我們不必去質疑人們是否真心表示無悔,反而可以將他們想成是入戲太久、太深,對角色信以為真的演員。這種自我欺騙的心理狀態很常見,有時甚至有益健康。但是當一個人太過入戲,他就不太會去挑戰能帶來真實滿足感的難事。

想一想精於表演的琵雅芙。她聲稱(其實是公開頌揚)自己無怨無悔。但快速瀏覽她那四十七年歲月的一生,你會發現,她的生命充斥悲劇與困境。她把十七歲生下的孩子丟給別人照顧扶養,孩子未滿三歲即死去。難道她對孩子的死毫無愧疚嗎?成年後的她,人生有一部分耽溺於酒精,另一部分迷失於對嗎啡的癮。難道她對染上扼殺才華的癮頭全無悔恨嗎?婉轉說來,她過著混亂的私生活,包括災難般的婚姻、愛人之死,以及招致沉重債務的第二任丈夫。她對往日情史至少有過一絲半縷的懊悔吧?我們很難想像琵雅芙臨終之際,會在臥榻上讚揚自己的過往抉擇,更別說其中許多選擇,導致她提早數十年到達生命盡頭。

或者,想一想遍布全世界的紋身一族。不需深談也可得知,外在表現出的「無悔」與內心想法背道而馳。例如,米雷拉將多年的青春認真投入一段感情,當這一切崩塌,她的內心難過極了。若有機會重來一次,她也許會另做選擇。那是一種遺憾。但她也明白人生還有次佳選項,並從中學習成長。她告訴我:「過去的每一個決定帶我來到這裡,造就了現在的我。」這是悔恨的積極面。米雷拉並未將遺憾從生命中抹除(畢竟,後悔已經永遠寫在她身上),她也沒有必要去貶低遺憾;相反地,她將遺憾昇華了。

我和三十五歲的安柏透過Zoom軟體交談。她告訴我:「人生有許多做錯選擇的時刻。」例如她的第一段婚姻。安柏在二十五歲嫁給一個她後來發現「問題很多」的男人。夫妻倆經常鬧得不開心,甚至吵得不可開交。直到有一天,先生不告而別。「他搭飛機一走了之……我不曉得那兩個星期他到哪去了。」先生終於聯絡安柏時,在電話中說:「我不愛妳,我不回家了。」這段婚姻戛然而止。若能重來，安柏還會嫁給他嗎？絕不可能。但那令人遺憾的過往，促使她投入現在這一段幸福的婚姻。

安柏甚至拿身上的刺青來戲弄不悔哲學的不堪一擊。她不是紋上「No Regrets」，而是學電影《全家就是米家》（*We're the Millers*），故意把第二個英文字拼成「No Ragrets」。這部二〇一三年上映的庸俗喜劇中，傑森·蘇戴基斯（Jason Sudeikis）飾演三流大麻毒販大衛。他必須找人假扮妻子和兩個青春期孩子，一起組成冒牌家庭，設法償清欠毒梟頭目的錢。有一幕，大衛遇到不太老實的年輕人「史考特屁」騎重機來接「女兒」約會。

史考特屁穿著一件廉價的白色坦克背心，身上露出好幾個刺青。其中，有一個順著鎖骨走的刺青圖案，以粗短的字體寫著「No Ragrets」。大衛要他坐下聊聊。他們聊起大衛身上的刺青，開啟下面這段對話：

大衛（指著「No Ragrets」刺青）：那裡刺什麼？

史考特屁：喔，這個嗎？這是我的信念，絕不後悔。

大衛（露出狐疑的表情）：即使這個刺青，也不後悔？

史考特屁：不會……

大衛：你是說……一個字也不後悔？

史考特屁：沒錯，一個字都不後悔。

　　就算史考特屁果真對環繞頸部的那兩個字心生疑慮，其實他並不孤單。世界上每五人左右，就有一人後來對紋身感到後悔（想必包含紋上「No Regrets」的人）。這足以說明，為何單單在美國，洗紋身生意每年能創造一億美元的產值。[6]但安柏對身上的刺青並不後悔，或許是因為圖案不容易被人看見。二〇一六年，在卡加利那個寒冷的週日，安柏選擇將她的刺青圖案紋在臀部。

負面情緒的正向力

　　一九五〇年代初期，芝加哥大學經濟系的研究生哈利·馬可維茲（Harry Markowitz）構思出一套劃時代的觀點，並在日後榮獲諾貝爾獎殊榮——這個非常基礎的觀念，現今看來實在不足為奇。[7]為了讓故事走下去，我就簡單說，他想出古諺「別把雞蛋全放同一籃」的數學基礎，後人稱為「現代投資組合理論」。

　　在馬可維茲提出這個觀念之前，許多投資人相信致富之道在投資一、兩檔高潛力的股票。畢竟產生可觀報酬的股票少之又少，選中強勢股才能致富。而遵循這樣的策略，經常讓人落得買進一堆爛股的下場。等等，投資不就是這樣充滿風險嗎？馬可維茲指出，投資人不該遵循這套方法，反而可以藉由多元化的投資，降低風險並穩健獲利；應該要投資一籃子的股票，將賭注分散於各產業，而非投資單獨一檔。投資人不會每一檔都賺大錢，但是過一段時間後，風險會明顯降低，報酬則會大幅提高。假如你正好是將存款放在指數型基金或指數股票型基金（ETF）的投資人，現代投資組合理論就是背後的操作心法。

馬可維茲的見解隱含如此強大的力量，人們卻鮮少將此邏輯應用於人生的其他面向。比如，人類也有情緒的投資組合，有正面情緒（愛、自豪、敬畏）和負面情緒（悲傷、挫折、羞愧）。我們往往會高估某一類情緒，而低估另一類。我們會聽從他人的建議，在順從直覺的情況下，用正面情緒填滿情緒組合，拋售負面情緒。但揚棄負面情緒、堆疊正面情緒，這是受到誤導的情緒處理方法，如同現代投資組合理論出現之前，人們普遍採取的投資方式。

正面情緒確實有其必要，能使我們不至迷失。人需要看見事物好的一面，抱持振奮心情的想法，在黑暗中尋覓光明。樂觀心態與身體健康息息相關。喜悅、感激、希望這類情緒，可明顯提升幸福感。[8]情緒組合中必須有豐沛的正面情緒，而且要多過負面情緒。[9]但過度看重組合中的正面情緒也有風險。失衡的狀態會限制學習、妨礙成長，導致潛力無法充分發揮。

原因在於，負面情緒有益生存，同樣不可或缺。恐懼驅使我們逃出失火的大樓、躡手躡腳繞過蛇隻。厭惡感替我們擋下毒物，使我們對不義之舉生畏。憤怒帶來對威脅和挑釁的警覺，使人更能明辨是非。負面情緒過剩確實會削弱力量，但過少同樣有害。[10]比如，一再遭到伴侶利用，被毒蛇在腿上狠狠咬一口。要是人們時不時就喪失負面情緒的感知力，那麼今天你和我，以及我們以雙足站立、腦部發達的人類同胞，都不會存在於世。

當我們盤點所有的負面情緒，叫悲傷、蔑視和愧疚列隊站好，有一種情緒最普遍，也最有力量——後悔。

本書旨在扭轉後悔給人的印象，帶領讀者認識這是不可或缺的情緒力量，以及如何發揮它的各項優點，從而提高決策的品質，以及工作和學業的表現，賦予人生更深遠的意義。

我從扭轉印象起筆，由本章及後續三章組成的第一部，說明遺憾的重要。分析中，廣泛運用數十載累積的可觀學術成果。一九五〇年代，在冷戰的陰影下，以核彈毀滅地球是人類公認最值得懊悔的行為，經濟學家和賽局理論學家因此紛紛展開研究。不久後，包括鼎鼎大名的丹尼爾·康納曼（Daniel Kahneman）和阿莫斯·特沃斯基（Amos Tversky）等幾位心理學家轉而發現，後悔不僅能帶領我們深入瞭解高風險協商，也促使我們認識人類心智。一九九〇年代，更多的社會、發展、認知心理學家開始研究悔恨的內在運作模式，進一步拓寬領域。

七十年的研究精華集結成兩項簡單卻要緊的結論：

• 後悔乃人之常情。
• 後悔使我們更上層樓。

扭轉悔恨的印象後，接著要闡述箇中內涵。第二部「後悔教我們的一課」奠基於我在二○二○年的兩項大規模研究計畫。我和一小組調查研究專家團隊，設計、執行有史以來規模最大的量化分析，探討美國人對憾事的態度——即「美國人遺憾調查計畫」（American Regret Project）。我們調查了四千四百八十九位民眾對遺憾的意見並分門別類，這是具代表性的美國人口樣本。*此外，我們架設「世界遺憾調查」網站（World Regret Survey，網址www.worldregretsurvey.com），從一百零五個國家的人士，收集超過一萬六千則憾事。我分析網站留言，並與一百位以上的留言者進行後續訪談（你將在章節之間和正文讀到世界遺憾調查參與者的心聲，一窺各式各樣實際的人生體悟）。

第二部在這兩項大規模研究的基礎上，以七章的篇幅細究人們真正後悔什麼。大部分的學術研究是以生活領域

---

*完整問卷與填答結果，請見www.danpink.com/surveyresults。

畫分，將後悔歸類於：工作、家庭、健康、人際關係和財務狀況，而我在這個表層下，發現了橫跨生活領域的深層結構。幾乎所有的遺憾都能歸至四大類別：根基遺憾、勇氣遺憾、道德遺憾、人際遺憾。這套先前不為人所知的深層架構，引領我們重新認識人類的境況，走向通往美好人生的道路。

第三部「後悔，再造的力量」闡述如何將後悔的負面情緒轉為提振人生的正向工具。你將瞭解如何消弭並重新看待某些遺憾，整頓當前的處境；學到如何藉由三個簡單易懂的步驟，轉化屬於另一類型的遺憾，替未來鋪路。我也會在書中討論如何預測後悔，從行為著手，幫助我們做更明智的抉擇；但這帖良藥，必須附上一則警語。

讀完本書，你將對人們最容易誤解的情緒斬獲全新的看法，學會悠遊於複雜世界的技巧，掌握自我激勵因子和充實人生的要素。

「我後悔典當我的長笛。高中時期我很愛吹奏長笛，但念大學讓我一貧如洗，我就用三十美元把它當掉了。之後，再也沒錢把它贖回來。我母親辛苦工作，才為加入初學者樂團的我買下長笛，我好愛好愛它，那是我最珍視的寶貝。我知道這聽起來很蠢，長笛不過是一件『東西』。但它代表的意義遠不止於此，有母親對我的支持、花錢買下超出經濟能力的樂器、用來練習吹奏的無數個小時，還有在行進樂隊和摯友度過的快樂回憶。我無法改變失去這支長笛的事實，它總是在我夢中出現。」

女性，四十一歲，阿拉巴馬州

//

「我後悔太早和太太訂下終身。生了三個小孩之後，我們已無力挽回，而離婚會讓孩子們心碎，承受不住。」

男性，三十二歲，以色列

//

「小時候，媽媽會叫我去附近的小雜貨店買一些零星的日用品。我常常趁店家不注意偷一條糖果棒。這件事困擾我六十年。」

女性，七十一歲，紐澤西州

後悔乃人之常情

我們所說的後悔是什麼？

人是如此容易感覺到後悔，但我們卻難以為後悔下定義。科學家、神學家、詩人、醫師都曾經嘗試定義後悔。心理治療師說，後悔是「當事人因為做了或未做某件事，所產生的不快樂感受，而希望改變這樣的事態（state of affairs）」。[1]管理學理論家說：「後悔來自比較的落差，其比較對象為實際的結果，以及決策者採其他選擇的可能結果。」[2]哲學家則說，後悔是「回憶過往所衍生的不快，同時覺察到某一客體，宣稱欲在將來採取某一種作法」。[3]

　　若寫出精準的文字定義，仍令你無法參透後悔究竟是何方神聖，道理很簡單：我們不該將後悔看成一件事，而是一種過程，要從這個角度去理解。

時光旅行與說故事

　　後悔的過程，從人類心智兩種特有的能力開展。我們在腦袋瓜裡就能穿梭過去和未來，講述未曾發生的事件。人類既是老練的時光旅行者，也是技巧高超的寓言家。這兩項能力，交織成認知的雙螺旋，使吾人生命有悔。

　　世界遺憾調查收錄成千上萬則憾事。其中一則如下。請思考這位來自維吉尼亞州五十二歲女性留言者的話：

　　我希望當初能按照自己的心意，繼續念自己選擇的碩士學位，而不是順著父親的意休學。假如我當初有所堅持，我的人生走向就會不同。我對人生會更加滿足，也更有成就感。

　　簡單說，這位留言者的敏捷頭腦發揮功能了。她不滿當前處境，思緒飄回數十年前，思忖年輕時自己的升學和職涯展望。此時，她**否定了**聽從父親期待的真實選擇，幻想仍就讀**自己**屬意的系所。接著，她再度乘坐時光機，高

36

速前行。由於她重新編排過去，現在的這一刻，與方才離開的現在，已大不相同。她在這個重塑的新世界裡，感受到滿足和成就。

時光旅行和編造幻想是人類的超能力。我們很難揣想其他物種會有如此複雜的行為。就如你很難想像一隻水母撰寫十四行詩，或是一隻浣熊替落地立燈更換電線。

然而，人類輕而易舉發揮這項天生的超能力。唯有腦部發育未全的兒童、因疾病或受傷而大腦受損的成年人，才會失去這項能力。

舉個例子，發展心理學家羅伯特·古騰泰格（Robert Guttentag）和珍妮佛·法洛（Jennifer Ferrell）曾對一群孩子說故事，進行相關研究。故事的內容大致如下：

有兩個小男孩，一個名叫鮑伯，一個名叫大衛，兩人是住附近的鄰居，每天早上都要騎腳踏車，繞過一座池塘上學。池塘兩側各有一條自行車道，都可以騎，距離和順暢度沒有不同。鮑伯每天都騎池塘的右車道，大衛每天都騎池塘的左車道。

某一天，鮑伯像平常那樣，順著右車道騎車上學，可是前一天晚上，樹上有一截樹枝掉下來，擋住去路。鮑伯撞上樹枝，從腳踏車摔落受傷，結果上學遲到。左車道則是一點問題也沒有。

同一天早上，平常總是騎左車道的大衛決定改騎右車道。一樣撞到樹枝，從腳踏車上飛出去，結果身體受傷、上學遲到。

研究人員問小朋友：「那一天，兩個人都決定騎池塘的右車道，你們覺得哪個人會比較難過？」是每天騎右車道的鮑伯，還是通常騎左車道、那一天卻改騎右車道的大衛？又或者，兩人感受相同？

古騰泰格和法洛寫道，七歲兒童「對後悔情緒的理解和成年人大致相同」。有七六％的七歲兒童，理解大衛的感受可能較差。但五歲兒童不太瞭解背後的概念，約四分之三的五歲兒童表示兩人感受一樣。[4]兒童需要給大腦幾年的時間發育肌肉和力量，來執行感覺後悔所需的高空鞦韆特技——在過去與現在、現實與想像之間擺盪。[5]正因如此，多數兒童在六歲前無法理解後悔。[6]但八歲小孩，甚至會發展出預知後悔的能力。[7]進入青春期後，體會後悔的思考技巧就發展完全了。[8]後悔，代表一個人擁有健康成熟的心智。

後悔是心智發展的基石，有了它，心智才能正常運作。無法感知後悔的成年人可能代表他出現了嚴重問題。二〇〇四年，一項重大研究清楚說明了這一點。一組認知科學家組成的團隊，設計了一款簡單的賭博遊戲。參加者必須在電腦螢幕上兩個類似俄羅斯輪盤之中，選擇啟動其中一個。指針停在參加者所選轉盤上的一個區段代表贏錢，另一個區段代表輸錢。啟動輪盤後要是輸了錢，參加者一如預料，心情不佳。但啟動輪盤後輸錢，並得知如果選擇另一個輪盤就會**贏錢**，此時參加者的心情**糟糕透頂**。原因是他們後悔了。

然而，有一群人發現其他選擇結果較佳之後，心情卻不受影響：大腦眼窩額葉皮質受損的人。神經科學家娜塔莉・卡米爾（Nathalie Camille）與同事在《科學》（*Science*）期刊寫道：「他們似乎完全感受不到後悔。患者無法理解這個概念。」[9]換言之，無法感知後悔，雖是無悔哲學推崇的完美典範，卻非優勢，反而是腦部損傷的徵象。

神經科學家發現，其他腦部疾病也會出現類似模式。有一些研究，直接向參加者提出如下的問題：

瑪麗亞到經常光顧的餐廳，吃完東西後鬧肚子。安娜到一間從未光顧的新餐廳，吃完東西後鬧肚子。誰對自己的選擇感覺比較後悔？

身心處於健康狀態的人，多半直接明白答案是安娜。但遺傳性神經退化疾病「亨丁頓氏舞蹈症」的患者，卻無法看出兩者顯而易見的區別。他們只能用猜的，即使猜中，也只是隨機挑選答案的結果。[10]帕金森氏症患者的情況也差不多，他們也無法像你一樣，憑直覺馬上回答出「安娜」。[11]思覺失調症患者更是無從分辨兩者的差異。受到疾病的影響，思覺失調症患者無法進行前文描述的複雜思考，由於無法有效地運用邏輯思考，少了理解或體會後悔的能力。[12]這樣的缺陷，在許多精神及神經系統疾病患者身上表現明顯，醫師會從這裡著手，進一步檢查患者是否還有其他深層問題。[13]簡單說，不會後悔的人並非心理健全的完人，通常是嚴重疾病的患者。

時光旅行和重述事件的雙生能力，令後悔產生力量。不過，還要加上兩個步驟，讓後悔不同於其他的負面情緒，才是完整的後悔過程。

第一步，比較。回到剛才那位希望當初順自己的心，而非父親的意，去選擇學校的五十二歲留言者。只為眼下的痛苦處境難過，並不構成後悔，而是傷心、憂愁或絕望。唯有搭上時光機，否定過往，拿難受的當前現實與可能的選項**兩相比較**，這股情緒才會**轉變成**後悔的心。比較是後悔的核心。

第二步，究責。後悔責怪的是自己，不是他人。一項深具影響力的研究發現，約九五％的人覺得後悔的事，關乎自己掌控的情境，與外在環境無關。[14]再想一想剛才那名懊悔的維吉尼亞州女性。她拿想像中的可能選擇，和令她不滿的處境比較，覺得實在不夠好。這是必經的一步。不過，這樣還不足以形成後悔。讓她完全掉入後悔境地的真正理由是：「由她自己作主採取行動」的選項並不存在。她的痛苦源自本身。悔恨就是在這一點上，不同於失望等其他負面情緒，且痛苦感更強。舉個例子，我或許會對代表家鄉的華盛頓巫師隊錯失NBA冠軍失望，但我既不是這支籃球隊的教練，也不是下場比賽的球員，輸球的責任不在我身上，所以我不會感覺後悔，只會悶悶不樂，等待下一個球季開打。又或者，想一想前密西根大學教授珍妮特・蘭德曼（Janet Landman）所舉的例子。蘭德曼寫過許多關於後悔的著作。她說，有一天，某個小孩的第三顆牙齒掉了，睡覺前她將這顆牙放在枕頭底下。隔天早上一醒來，小孩發現牙仙忘記把牙齒換成禮物。她很**失望**，但「父母面對犯下這個小錯誤的反應，則是**後悔**」。[15]

我們與其他動物有別，是因為擁有時光旅行和重述事件的雙生能力，以及會採取區分後悔與其他負面情緒的兩個步驟——比較和究責。這個過程，引起獨一無二的苦楚，造就獨一無二的人類情緒。儘管聽起來很複雜，但它發生於不知不覺中，甚至發生得毫不費力。後悔是生為人的一部分。就如荷蘭學者馬歇爾・澤倫貝赫（Marcel Zeelenberg）和里克・彼得斯（Rik Pieters）所言：「人類天生有後悔的認知機制。」[16]

「人類經驗的構成要素」

　　儘管別人總是告誡你不能後悔，但我們這套天生的認知機制，會使感知後悔成為一件稀鬆平常的事。在美國人遺憾調查計畫中，我們設計了一道問題，刻意在問題中避免提及後悔二字，改問四千四百八十九位參與研究的人士：**你是否經常回顧過去，希望自己採取不同的作法，頻率為何？**他們的答案說明了一切。請見下圖：

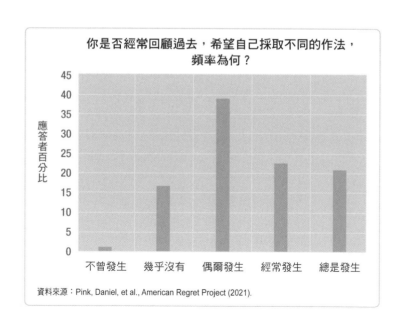

資料來源：Pink, Daniel, et al., American Regret Project (2021).

　　僅一％的應答者說自己不曾有過這樣的行為——說幾乎沒有的人，比例亦不及一七％。而且，約有四三％的應答者表示經常或總是後悔。整體看，多達八二％的應答者表示，生活中至少偶爾會出現這個情況。可知在美國，體驗後悔的人數比例遠高於使用牙線。[17]

　　此發現與其他研究人員四十年來研究得出的結論，不謀而合。一九八四年，社會科學家蘇珊・希曼諾夫（Susan Shimanoff）錄下一群大學生和許多對夫妻的日常對話，透過分析錄音檔和逐字稿，找出表達或描述情緒的字詞。之後，整理出一份情緒詞彙表，列出人們最常提及的正、負面情緒。快樂、興奮、憤怒、驚訝、嫉妒等感受都名列前二十，但最常見的負面情緒是後悔，它在所有情緒中排名第二。出現頻率唯一高於後悔的感受，是愛。[18]

　　二〇〇八年，社會心理學家柯琳・薩伏瑞（Colleen Saffrey）、艾美・桑莫維爾（Amy Summerville）、尼爾・羅斯（Neal Roese）檢視生活中普遍存在的負面情緒。他們先給受訪者一份負面情緒清單，上面包含九種負面情緒：憤怒、焦慮、無聊、失望、恐懼、愧疚、嫉妒、後悔、悲傷。接著，要受訪者回答一連串問題，請他們思考這幾種情緒在生命中扮演什麼角色。受訪者表示，最常出現的負面情緒是後悔，最重視的也是後悔。[19]

　　在世界各地進行的後續研究，也產出類似結果。有一項在二〇一六年進行的研究，追蹤一百多名瑞典人的選擇和行為，發現受試者在前一週所做的決策，約有三〇％使其懊悔。[20]另一項研究，以數百名美國人的經驗和態度為樣本，發現後悔無處不在，深入人生各方各面。論文作者結語是：後悔是「人類經驗的構成要素」。[21]這項研究，我將在第五章詳細解說。

事實上，我尚未發現有任何研究否定後悔的普遍性（相信我，我很努力找尋）。每個領域的學者，以不同角度及方法切入此主題，皆一致得出相同的結論：「看樣子，人活著，勢必累積一些後悔的經驗。」[22]

米雪兒・梅奧（Michele Mayo）快要滿五十歲時，決定在身上刺青，紀念人生的里程碑，並鞏固心中的信念。思考要紋上什麼圖案時，她想起了童年時光。她的父親是一名派駐德國的美國軍官，母親是法國人。小時候，米雪兒在德國長大。每逢假日，一家人便會開長途車，拜訪住法國鄉下的外祖母。媽媽會帶著米雪兒姊妹在車上大聲唱她最愛的一首歌，打發旅途時光。

二〇一七年，米雪兒提早送了一份生日禮物給自己。她離開家中，前往麻州賽倫（Salem）旅行。回來後，右手腕下方的皮膚多了一個圖案。見下頁圖：

米雪兒的母親是琵雅芙的歌迷。許久前，他們一家人

在公路旅行高唱的那首歌，也就是琵雅芙唱誦的歌詞，縈繞在年幼女孩的心頭，直到女孩長成大人都還記得。米雪兒告訴我，這幾句歌詞體現她的「生活方式及人生感悟」。她說自己無怨無悔。但一如其他受訪者，她這樣說完後又告訴我，她曾經犯了哪些錯誤，搞砸過哪些選擇。她和我們所有人一樣，經常搭乘心理時光機，回頭改寫故事，比較現實與曾經可行的選擇，認為應當為兩者差距負責的人是自己。但對米雪兒來說，走過這一連串的思考，最後那股失望不安的感覺（許多人試圖逃避的負面情緒）彌足珍貴。她說：「那些我希望自己沒做過的事，教會我未來該如何行動⋯⋯。我認為犯錯也是學習的過程。我希望自己在臨終臥榻上，能夠說出我無怨無悔。」

手腕上的那幾個字，每天提醒她莫忘初衷。但她也對唱紅這首歌的人所過的人生納悶不解。米雪兒問我：「你知道她〔琵雅芙〕去世時一貧如洗嗎？我想到她時，心裡很懷疑。當她走到人生盡頭，心中難道沒有一絲後悔？你想像一下，如果你現在正在訪問她，她會怎麼說？」

視訊會議再怎麼神通廣大，我也不可能訪問到她。但有幾位傳記作家和新聞記者，針對一九六三年十月十日，琵雅芙去世當天是怎麼想的，提供了線索。當時，那首讓琵雅芙紅起來的歌，離錄製完成還不及三年。琵雅芙躺在臥榻上，生命隨時會從四十七歲卻憔悴不已的身軀流失。她的臨終遺言是：「你這一生做過的每一件錯事，都要付出代價。」[23]

這句話像是出自一個無怨無悔的人嗎？

要是琵雅芙當初能認真看待悔恨，要是她面對遺憾，而非繞道而行，她就會了悟一件更重要的事——**你這一生做的每一件錯事，都可以有所回報**。因為接著讀下去，你就會知道，後悔不僅是人之常情，也引領我們突破瓶頸，更進一步。

「每一個重大決定，我幾乎都會後悔。重大決定顯然是我的罩門，小決定就十分容易。」

男性，五十五歲，西維吉尼亞州

//

「我在老公臨終的病榻旁守候時，好想鑽進被子，依偎在他身旁、摟著他。但我沒有這麼做。真希望我有。」

女性，七十二歲，佛羅里達州

//

「我希望自己從來不在乎別人的想法，但直到今日仍克服不了。」

男性，三十三歲，日本

「至少」與「要是」心態

　　二〇一六年里約夏季奧運一共有三百零六項賽事。其中，女子個人公路自行車賽是非常艱辛的一場，賽道總長達到一百四十公里，橫跨市街及一座國家公園。選手們必須騎乘數段陡峭的上坡路，挺過凶險的下坡段，並且設法通過一大段鵝卵石道路。八月的第一個星期日，下午十二點十五分，黃旗揮落，六十八名自由車好手，沿著科帕卡巴納海灘（Copacabana Beach）前行，爭取奧運會上的光榮勝利。

　　賽況一如預料十分嚴酷。氣溫在攝氏二十度出頭游移，空氣濕度是七五％，相當磨耗體力。陽光頻頻從雲中露臉，將路面曬得暖烘烘。一沒有陽光，賽道旋即被毛毛雨給淋濕。一名自行車手發生嚴重的翻車事故，許多選手紛紛提早耗盡氣力。起步後過了近四小時，只剩下最後的三公里。美國選手瑪拉・亞伯特（Mara Abbott）領先眾人，追趕在後的三名選手，大約落後亞伯特二十五秒。

奧運電視網播報員蘿雪兒・吉爾摩（Rochelle Gilmore）報導：「金牌已經在她手中了。」

但強項是爬坡的亞伯特並不擅長衝刺。最後一百五十公尺，賽事已經完成九九・九％了，亞伯特卻沒有守住勝利，被後方選手一股腦趕上。那三名擠出最後一絲氣力的選手，幾乎同時間衝過了終點線。

荷蘭選手安娜・范・德・布雷根（Anna van der Breggen）以一輪之差擠下瑞典的艾瑪・喬韓森（Emma Johansson），義大利選手伊麗莎・隆戈・博爾吉尼（Elisa Longo Borghini）接著衝過終點線。這三名女子選手，各自拿下一面奧運獎牌，跌破眾人眼鏡。

想像一下她們臉上的表情。

真的，花點時間在腦中揣摩她們的心境。熬過多年訓練，歷經數小時激烈奮戰，終於在運動員的最高殿堂奪下終極勝利。試想，她們心中有何感受？

自從一八七二年達爾文出版《人與動物的情感表達》（*The Expression of the Emotions in Man and Animals*），

科學家便開始探索臉部表情如何傳達情緒。人往往想隱藏感受——想要表現謙卑,藏起驕傲,或是展現恆毅力,不願顯露心碎,但是表情可能會背叛我們。剛才提到的那場公路賽,三名奧運女將站在頒獎台上的表情,一一洩漏了她們的心境。

　　下方圖片截自提姆・德・威爾(Tim de Waele)拍攝的照片。第一張是金牌得主開心的笑臉:

　　這張是與金牌得主幾乎一樣興奮的銀牌得主:

這張是收下第三名,心中雖然高興,卻興奮不起來的
銅牌得主:

即使是世界頂尖的運動選手,也是情緒的動物。在這
一刻,職業運動生涯最具意義的當下,你一定會真情流
露。三名選手,由左至右,表情一個比一個開心。

表情不會說謊。

但動筆寫字的人,有時會騙你,譬如,寫出剛才那段
文字的我。

下頁是德·威爾在二○一六年奧運女子公路自行車賽
拍攝的整張頒獎照。

正中央笑容滿面的運動員,真的是金牌得主布雷根,
但是站在她左邊(照片右邊)那位開心得不得了的選手,
是拿下第三名的義大利選手博爾吉尼。三人當中,看起來
最不開心的那個人,是銀牌得主喬韓森。

換言之,比賽成績最差的人(博爾吉尼),看起來比

照片來源：提姆‧德‧威爾（Getty Images）。

擊敗她的選手（喬韓森）還要開心。即使喬韓森當天也拍了露出微笑的照片，但她會留下這張照片，一點都不奇怪。你看這幾位運動員跨越終點線後的當下反應。拿下金牌的布雷根高舉勝利的雙臂；獲得銅牌的博爾吉尼抬起手與看不見的夥伴擊掌；銀牌得主喬韓森則以雙手掩面。選手資格排名，實際上是博爾吉尼高、喬韓森低，外界也預期博爾吉尼表現較佳。喬韓森逆轉贏了博爾吉尼，這翻了盤的比賽結果，竟未反映在兩人的表情。

　　你在這三名奧運選手臉上看見的表情，其實是行為科學家在超過二十五年前發掘到的現象。這個現象為瞭解後悔，開啟另一扇窗。

輸家的興奮，贏家的痛苦

我在第二章描述的人類超能力（在內心搭乘時光機旅行，召喚出不曾發生的事件和結局），是邏輯學家所稱的「反事實思維」（counterfactual thinking）。將「反事實」這三字拆開看，意思非常清楚，也就是人類有能力捏造**違反實際情況**的事件。西北大學的尼爾・羅斯和荷蘭葛洛寧恩大學（University of Groningen）的凱・艾普斯圖（Kai Epstude）這兩位反事實思維的學界翹楚表示：「反事實是……想像與創意的典型例子，落在思考與感覺的交集。」[1]反事實思維，使我們得以想像可能發生的境遇。

奧林匹克運動會上，反事實思維的影響向來顯著。康乃爾大學的維多莉亞・梅德維克（Victoria Medvec）、湯瑪斯・吉洛維奇（Thomas Gilovich），以及托雷多大學的史考特・梅迪（Scott Madey），以一九九二年巴塞隆納夏季奧運為場合，進行一項今日廣為人知的研究。他們收集三十多位銀牌及銅牌得主的影像，提供給不熟悉體育賽事、未關注巴塞隆納奧運的受試者觀看。受試者看不到比賽過程，也不曉得最終結果，只看到賽後的頒獎畫面。看完畫面的受試者，為比賽選手的臉部表情評分，以一至十來表示選手臉上展現的是痛苦，抑或開心極了的表情。我將評分表整理成下圖：

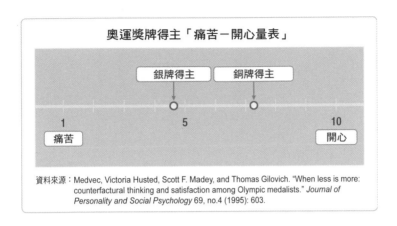

奧運獎牌得主「痛苦－開心量表」

銀牌得主　　　銅牌得主

1　　　　　　　　5　　　　　　　　10
痛苦　　　　　　　　　　　　　　　開心

資料來源：Medvec, Victoria Husted, Scott F. Madey, and Thomas Gilovich. "When less is more: counterfactual thinking and satisfaction among Olympic medalists." *Journal of Personality and Social Psychology* 69, no.4 (1995): 603.

　　第三名的選手表情顯然比第二名還開心。銅牌得主的臉部表情平均落在七‧一分，銀牌得主（在這場世界級賽事只拿第二的運動員）平均落在中間區段的四‧八分，甚至略為偏向不開心。

　　研究人員總結，原因出在：反事實思維。

　　反事實思維有兩種方向：向上或向下。當我們運用向下反事實思維，我們盤算著事情有可能如何變得**更糟**，促使我們說出「至少怎樣、怎樣」的句型。例如，「沒錯，我這次是考了六十八分，但至少我通過測驗，不用重考了。」我們給這類反事實思維一個名字，就稱作「至少心態」吧。

　　另一種即是向上反事實思維。此時，我們想像**更好**的情況，說出「要是怎樣、怎樣就好」的句型。例如，「要是我少蹺一點課、乖乖看書,就能拿到更好的成績。」我們姑且將這類反事實思維稱作「要是心態」。

研究人員觀看選手的賽後電視訪談發現,銅牌得主總是開心哼唱「至少之歌」:「至少不是第四名,至少拿到獎牌了!」銀牌得主卻被「要是就好」的念頭折磨得痛苦不堪。梅德維克和同事寫道:「第二名離萬眾矚目、獎金可觀的珍貴金牌僅一步之遙。因此銀牌得主總是想,要是腳步再跨大一點、呼吸再調順一點、腳尖再繃緊一點就好了。無論有多開心,都被迂迴不明的其他種可能性沖淡了」。[2]

比賽成績較佳的人,心裡反而較難受,這聽起來很聳動。這類引人注目的發現,容易在媒體占據頭條,並在社群媒體掀起熱潮。社會科學家這十年來一直在克服所謂的「再現危機」(replication crisis)。[3]許多研究的發現都經不起仔細的檢驗,尤其是最出人意表、吸引媒體報導的內容。這些研究,由其他學者重新進行實驗,十之八九都無法成功複製原先的誘人結果。不禁令人質疑早先做成的研究結論是否為真。

但是梅德維克、吉洛維奇和梅迪的研究被成功複製。連複製的研究都經得起再複製,得出相同結果。例如,舊金山州立大學的大衛・松本(David Matsumoto)從二○○四年雅典奧運的柔道賽事中,大量收集約兩萬一千張男女柔道選手的照片。這些選手來自三十五國，共八十四人。無論國籍、族裔為何，臉部表情差異都極其顯著。頒獎典禮上，金牌得主幾乎人人開懷大笑（有「杜鄉的微笑」之稱*），銅牌得主多半露出相同的表情。銀牌得主呢？卻不是這麼一回事。他們的笑容弧度，只有另兩種獎牌得主的四分之一。[4]

二○二○年，明尼蘇達大學的威廉·賀基考克（William Hedgcock），以及愛荷華大學的安德烈雅·露安格拉斯（Andrea Luangrath）和瑞林·韋伯斯特（Raelyn Webster）進一步研究，從五場奧運會的一百四十二項體育項目，收集來自六十七國、四百一十三名運動員的照片。但他們不像先前的研究，要求真人受試者去研判運動員的表情，而是以電腦軟體Emotient為表情自動編碼（研究人員有了這套程式，便能快速檢閱更多表情，不受真人觀察者的偏見影響）。其結果依然相同。金牌得主的笑容最開心，銅牌比銀牌得主笑得更開懷。論文作者指出：「客觀境遇較佳的人，感受卻較差。」[5]

二○一六年里約奧運的那場公路賽，我反覆看了好多次。比賽結束那一刻，顯見「至少心態」為選手帶來寬

---

*譯註：杜鄉的微笑（Duchenne smile），意指發自內心不由自主的微笑，命名自發現肌肉牽動眼睛帶笑的十九世紀法國神經學家杜鄉（Guillaume Duchenne）。

慰，「要是心態」則引起痛楚。銅牌得主博爾吉尼的模樣歡欣雀躍。她跳下自行車，大步奔向一群親友，互相擁抱。播報員高聲說：「伊麗莎·博爾吉尼拿下了奧運獎牌！她肯定非常開心。」

另一邊，喬韓森靜靜地偎在先生身旁，沒有太多情緒。此時，播報員說出了內心的向上反事實思維，推測：「要是再騎個五十到一百公尺，應該是她奪下冠軍。」他們說，此刻的喬韓森，心中「五味雜陳」，這一次「又收進一銀」。二〇〇八年奧運，喬韓森確實在相同的賽事以銀牌作收（二〇一二年因傷未賽）。她在數場比賽中都拿下第二，在自行車界得到「銀牌艾瑪」的封號，但她從不喜歡這個稱號。喬韓森的母親在比賽結束後，告訴瑞典電視台：「大家說她是銀牌艾瑪，我想她很高興，只是她也想拿金牌吧。」[6]

要是……就好了。

苦之矛盾，矛盾之苦

「至少心態」讓我們感覺比較好受。「至少我拿到獎牌了，不像美國選手在比賽的最後一刻搞砸，連頒獎台都上不了。」「我沒有獲得升遷，但至少沒有被開除。」「至少心態」予人安慰與寬心。

58

　　相反地，「要是心態」讓我們感受較差。「要是提早兩秒開始追趕，就能贏得金牌。」「要是多接幾個延展型任務，升職的就是我了。」「要是心態」多半會引起不安與煩憂。

　　可以想見，人們應該比較喜歡第一種思維——樂於選擇溫暖的「至少心態」，更勝冰冷的「要是心態」。畢竟，人類的天性是追求愉悅、避免痛苦。我們會選擇巧克力口味的杯子蛋糕，不去喝蔬菜果昔；選擇與伴侶享受魚水之歡，而不想花時間和稅務人員稽核資料。

　　但實際情況竟然相反。比起銅牌得主博爾吉尼，你會更容易有銀牌艾瑪的心態。研究人員要求受試者撰寫日記，或是隨機傳送訊息，詢問受試者當下的想法，藉此追蹤人們的心態。發現「要是心態」在日常生活的發生次數高於「至少心態」，且差距普遍很大。[7]一項研究發現，反事實思維中有八成屬於「要是心態」。更有其他研究顯示，兩者落差高於八成。[8]主要的例外是躲過大災難。比如，針對親眼見識奪命海嘯卻倖存的遊客所做的研究，發現事發數個月後，抱持「要是心態」和「至少心態」的人數比例為一比十。這些遊客不因自己遭逢重大天災而內心憤恨不平，反而認為存活下來已屬萬幸。[9]某種意義上，那也正是銅牌得主的體驗。他們躲過一場超級無敵大災難：無緣拿下奧運獎牌。但是在日常經歷中，平凡無奇的時刻組成人生的絕大部分。一旦思考其他的可能性，召喚出「要是心態」的機率就高得多了。這是大腦與心智的運作模式。

人類研究反事實思維二十載，竟得出一個古怪結論：當我們回顧過往，能令我們產生較佳感受的思考模式，較少發生；令我們產生較差感受的思考模式，則非常普遍。難道人是喜歡自我毀滅的被虐狂嗎？

不是的——至少不是所有人。我們是會努力活下去的生物。以「至少」起頭的反事實思維，能保護當下的感受，但這套思維鮮少幫助人們做更好的決定，或在日後提高表現。以「要是」起頭的反事實思維當下令人受挫，之後卻能發揮一項關鍵作用：助人改善未來生活。

後悔是典型的向上反事實思維，「要是……就好了」的終極版本。科學家逐漸發現，其力量泉源，來自將常見的苦樂計算模糊化。[10]使人感受變差，正是這種心態所要達成的目的。理由在於，今日令人難受的悔意，會在明日幫助我們更上一層樓。

「我後悔，自己竟然覺得身為墨西哥人無法抬頭挺胸。我在這方面很容易蒙混過關（我膚色較淺），很多人在看到我家人前（他們膚色較深），都不知道我是墨西哥裔。現在的我樂於接納自己的族裔和出身背景。我只是很慚愧沒有早點這麼做。」

女性，五十歲，加州

//

「我後悔瞞著交往七年的男友偷吃，卻沒有直接跟他分手。後來，他同意繼續交往，我卻又有了同樣的行徑，再次後悔。」

女性，二十九歲，亞利桑納州

//

「我五十二年的歲月中，最深切的後悔是活在害怕擔憂之中。我害怕失敗和表現愚蠢，所以有好多想做的事都沒付諸行動。」

男性，五十二歲，南非

後悔如何帶領我們更上層樓？

「裂痕無處不在，萬事萬物皆有裂痕，
那是光亮流入之處。」

——李歐納‧柯恩（Leonard Cohen），一九九二年

第一洞穴定律（First Law of Holes）說：「當你發現自己身處洞穴之中，就不要再往下挖了。」不知道你是否熟悉這條法則？還是，你從不把它放在心上？人們常在失去做某件事的初衷後，不去降低損失、轉換策略，反而持續投入時間、金錢、精力，導致錯誤的選擇演變得更糟。由於砸下了大錢，即使眼見專案無望，依然投入更多資金；因為付出了數載青春，於是加倍投入，試圖挽回付出與回報不成正比的戀情。在心理學中，這叫作「對失敗方針續擴承諾」（escalation of commitment to a failing course of action）。許多認知上的偏誤會導致決策品質不佳，這

是其一。

對後悔的體悟，可修正這樣的認知偏誤。目前任職於倫敦商學院的吉莉安‧古（Gillian Ku）發現，要求人們回想過去續擴承諾的經驗，會在感到遺憾之後，減少犯相同錯誤的機率。[1]「要是心態」帶來的難過感受，會促使他們日後的行為更上層樓。

後悔的三種好處

後悔產生的難受感受，除了減少「對失敗方針續擴承諾」的這類認知偏誤，還可在其他方面助人進步。我們可從研究得知，正確因應後悔有三種廣泛的好處：鍛鍊決策技巧、提高在各類事務的表現、增加意義感和連結感。

一、後悔幫助我們做更好的決策

請想像以下情境，從這裡開始理解後悔能助人改善的特性。

二〇二〇、二一年，新冠肺炎疫情爆發期間，你在欠缺考慮下，入手一把吉他，但從未真的花時間彈奏。現在，吉他占據家中一角，你又剛好需要一點現金，於是決定售出。

幸運的是，鄰居瑪麗亞正想買一把二手吉他。她向你詢問吉他的價格。

假設你先前以五百美元購入這把吉他。現在它是一把二手吉他了（一把木吉他），你不可能對瑪麗亞開一樣的價格。你心中的理想價格是三百美元，但這樣似乎開價太高，所以你說要賣二百二十五美元。心中盤算成交價落在兩百美元。

瑪麗亞聽到你開二百二十五美元，便一口答應，把錢給了你。

你會不會覺得後悔？

答案是很有可能。很多人都會後悔，尤其牽涉的層面比出售一把二手吉他更廣的時候。當別人毫不遲疑、順理成章地接受我們的第一個提議，我們通常會十分懊惱，後悔沒有提出對自己更有利的要求。[2]然而，發生這類情況時承認後悔的感覺——樂於接納而不抗拒這使人反感的情緒，能幫助我們在未來做更好的抉擇。舉例來說，目前任職於哥倫比亞大學的亞當・賈林斯基（Adam Galinsky），和另外三位社會心理學家，曾在二〇〇二年，研究提案立即被接受的協商者。他們要求這些參與協商的人評估，要是開出更高的價格，能否達成更有利的協議。後悔感覺愈強烈的人，就會花愈多時間準備往後的交涉。[3]賈林斯基及加州大學柏克萊分校的蘿拉・克雷（Laura Kray）、俄亥俄大學的基斯・馬克曼（Keith

Markman）發現，當人們回顧先前的交涉過程、思考自己後悔沒做的事（譬如，沒在一開始就開個好價錢），這些人會在後續協商做出更有利於己的決策。不僅如此，經後悔加持的決策好處多多。產生後悔感的人，會在後續交涉把餅做大，同時確保自己分得一塊大餅。思忖前一回未辦到的事，此一行為放大後續行動的可能性，供交涉者在未來的互動按圖索驥。[4]

許多研究顯示，後悔最主要的作用是「決策保健」（decision hygiene）。[5]接納後悔，可以改善我們的決策流程——扎心的負面感受會拖慢決策的速度，讓我們收集更多資訊，思考更多不一樣的選項，花更多時間去做最終的決定。你對自己踏出的步伐愈是小心，就愈能避免落入「確認偏誤」（confirmation bias）這一類的認知陷阱。[6]一項以企業執行長為對象的研究發現，鼓勵企業領袖反思後悔經驗，對「日後決策有正面助益」。[7]

率先嚴正看待後悔的社會心理學家貝瑞・史瓦茲（Barry Schwartz）解釋，這種使人難受的感覺「可產生許多重要作用」。後悔可以「凸顯決策過程犯錯之處，下次再出現類似情境，我們就不會犯相同的錯誤」。[8]

世界遺憾調查有許多留言圍繞這個主題打轉。例如，下面這位久久無法釋懷的家長：

66

我的女兒五歲時，我在送她上學的途中對她大吼，因為她把優格潑到制服上。我非常嚴屬地大聲斥責她，結果一直後悔到現在。她不該遭受這樣的對待。就為了這點小事，我讓她好傷心，不過是在制服上留下一點污漬罷了。我永遠忘不掉當時發生的事。從此以後，我沒有再像那樣對她大吼了。我從那次錯誤學到了教訓，但我真希望時光能夠倒流。

這位家長仍對過去的行為懊悔，但她善加運用那個感受，在日後做出了不一樣的抉擇，再也不會像先前那般對著孩子大吼大叫。

我們這些為人父母者嘗試做更好的決定，但是對孩子而言，具備後悔的能力，是學習推測、自己做決定的基本功。愛爾蘭的研究人員在數次實驗後指出，跨過大約七歲的發育臨界年齡，兒童的決策能力會突飛猛進，讓他們體驗到何謂後悔。艾梅爾・歐康納（Eimear O'Connor）、泰瑞莎・麥寇馬克（Teresa McCormack）及艾登・費尼（Aidan Feeney）寫道：「發展出後悔能力的兒童，可從先前的決策經驗學習，去調校選擇。」[9]

我們的認知器官（至少有一部分）是以提供長久支持為運作準則，而非僅僅予人短暫的慰藉。人需要對糟糕決策感到後悔的能力，唯有如此，我們才會懂得提高未來的決策品質。

二、後悔有助提升表現

　　將英文短句「Clairvoyants smash egg pools」（先知砸碎一池蛋）的字母順序調換之後，可以變成「Psychologists love anagrams」（心理學家愛易位構詞），這個例子說明的就是易位構詞。心理學家真的很喜歡易位構詞法，這是心理學研究不可或缺的要素。心理學家在受試者進入測試房間後，先要求他們將英文字詞或短語重新排列，組成其他英文字詞或短語。接著，刻意左右受試者的心情、心態、環境或加入其他變數，同時觀察受試者的表現是否受影響。

　　舉例來說，曾經參與後悔感與交涉行為研究的基斯‧馬克曼和另外兩位同事，在一次實驗中，請受試者解開十道易位構詞的謎題。研究人員假裝「評分」並告訴受試者，他們只解出一半的單字。接著，在受試者心中點燃一絲後悔感：「請閉上眼，想一想自己在易位構詞謎題的實際表現，以及如何能表現得更好。請花一分鐘，根據你能拿出的好表現，如臨其境地評估成果。」此時，腦中縈繞「要是心態」的解謎者，心情會更差，尤其是與評估過程燃起「至少心態」的組別相比，這樣的糟糕心情會更明顯。然而，進入下一輪之後，心生後悔的組別比其他人解開更多謎題，花更長的時間專心解謎。[10]由此得出關於後悔的關鍵發現之一：後悔使得人更能堅持下去；堅持，無異是提振表現的一大要素。我會在正文和註釋中，多次援引反事實思維研究先驅尼爾‧羅斯的研究。羅斯早期運用易位構詞謎題法從事研究，撰寫出極具影響力的論文。他也發現，誘發後悔感（讓受試者的頭腦被「要是心態」占據），有助實驗對象解開更多易位構詞謎題，且解題速度更快。[11]

我們也可以跳脫實驗室場景，走進賭場看一看。馬克曼在另一場有趣的實驗讓受試者與電腦對賭二十一點。研究人員告訴一半的受試者進行一輪就要離場，並告訴另一半受試者一輪之後還有好幾輪。知道自己要繼續賭下去的受試者，比起只賭一輪的受試者更容易產生「要是心態」。他們比較會對叫牌策略錯誤或承受風險過量（不足）感到後悔。第一組受試者則避免讓自己產生負面感受，他們大多抱持「至少心態」（「至少沒有把錢輸光！」）。然而，第二組受試者自願踏上難受的後悔之路。研究人員寫道：「因為他們需要有助提升表現的準備資訊。而不預期繼續玩牌的受試者就不需要這類資訊，他們只想享受當下的好表現。」[12]

就連思考**別人**後悔的事，都有可能增進**自身**的表現。過去曾有一些研究用「簡恩的故事」做實驗。故事中，簡恩去聽她最愛的搖滾樂團的演唱會。剛開始，簡恩坐在自己買的位子，後來她想更靠近舞台，就換到另一個座位。才剛換位子，樂團就宣布，主辦單位馬上要隨機抽出一個座位號碼，免費招待坐在位子上的人到夏威夷旅遊。有些實驗會告訴受試者，簡恩剛**換過去**的座位就是贏得旅遊招待的位子（真開心！）。有些實驗則告訴受試者，簡恩**離開**的就是贏得旅遊招待的位子（真懊惱！）。聽完簡恩「要是……就好了」的慘烈故事的受試者，在寫法學院入學試題時，比控制組的分數高了一〇％。他們解複雜謎題的表現也比較好，比如，關於創意思維的知名實驗「鄧克的蠟燭問題」（Duncker's candle problem）。[13]根據曾經參與後悔感與交涉行為研究的賈林斯基與戈登・摩斯柯維茲（Gordon Moskowitz）解釋，促發反事實思維、使人們親身感知後悔，似乎「將可能性的門開了一道小縫」。這麼做，能帶人進入更強、更快、更有創意的思考歷程。

誠然，後悔並非總能提高表現。陷入悔恨、久久無法自拔，或在腦海反覆上演失敗歷程，可能引發反效果。後悔的事情錯誤，譬如後悔戴紅色棒球帽上賭桌，而不是後悔拿到十點和一張國王再多叫一張牌，就不會使人進步。有時最初的痛會使人短暫受困，但稍微反思一下可從後悔中獲得的益處，後續表現多半都會提高。[14]

挫折引起的悔意，甚至對職涯發展有益。二〇一九年，西北大學凱洛管理學院（Kellogg School of Management）的王洋（Yang Wang，音譯）、班傑明‧瓊斯（Benjamin Jones）和王大順（Dashun Wang，音譯），針對享負盛名的美國國家衛生研究院計畫補助款，研究十五年來提出申請的資淺科學家。研究學者挑出一千多名接近門檻的申請者，其中大約一半勉強符合資格，補助款入手，與後悔擦身而過。另一半申請者，差一點就能通過門檻，以些微的差距與補助款失之交臂而飲恨。接著，研究人員檢視這些科學家的未來職業發展。長期而言，些微差距飲恨組（要是心態）的表現，大勝勉強符合資格組（至少心態）。這些科學界的銀牌艾瑪，日後所寫的論文被引用的次數更高，寫出熱門文獻的機率也高出二一％。研究人員總結，挫折是推動進步的力量。「差一點點就辦到了」所引發的後悔情緒，促使人們反思、修正策略，表現得更優秀。[15]

三、後悔能深化意義

幾十年前，我在伊利諾州艾凡斯頓（Evanston）花了四年時間，拿到西北大學的學士學位。我在大學時期習得豐富的知識、結交不少畢生摯友，因此整體而言，我對這段就學經歷評價頗高。但我偶爾會想，假如我念不了大學，或者念的是另一所大學呢？人生際遇會有什麼不同？

出於某種奇怪的理由,這類謬想竟然總是令我對大學時期的選擇更加滿意(而非不滿),彷彿這一小段時光,在整段人生故事中不可或缺。

但其實,我有這樣的感受,並沒有什麼特別。

二〇一〇年,包括克雷、賈林斯基和羅斯在內的社會科學家團隊,要求一群西北大學大學部的學生,對選校和在校期間的交友選擇進行反事實思考。學生在反思過程想像自己念了別所學校,或是結交到不同於現在的好朋友。此時,他們的反應與我一樣。現實中的選擇,不知怎麼,讓人感覺更有意義了。西北大學研究總結:「反事實思考會使重要的人生經歷及人際關係更具意義。」

而且,作用並不局限於只在乎自己的年少時光。事實上,已有其他研究發現,比起直接思考人生重大時刻的意義,進行反事實思考的人,能夠產生更強烈的意義感。透過「要是心態」和「至少心態」間接思考事件的意義,比直接掂量,更能夠快速歸結出事件蘊含的意義。[16]對人生事件的其他可能性進行反事實思考,也會比單純重述事件,更能產生更強烈的宗教感召、更深刻的使命感。[17]這種思考模式,甚至能提高愛國心和對組織的投入程度。[18]

在這些研究檢視的各種反事實思維中,後悔最能夠加深我們的意義感,引領我們朝人生目標邁進。例如,針對遺憾事件進行「中年大回顧」,足以引導我們修正人生目標，掀開人生的新扉頁。[19] 又或者，如二十九歲的行為健康研究員艾比・韓德森（Abby Henderson）在世界遺憾調查所說：*

我後悔沒有珍惜小時候和祖父母相處的時光。那時候，我好討厭他們來我家，好討厭他們想要跟我培養感情。現在，我願意不計一切代價換回那段時光。

艾比是三個兄弟姊妹當中的老么，在亞利桑納州鳳凰城一個快樂的家庭長大。她的爺爺奶奶住在印第安納州哈特福城（Hartford City）的一座小鎮，幾乎每個冬天都會來鳳凰城住上一、兩個月，好避開中西部的寒冷氣候。他們通常會來韓德森一家人的房子借住。年幼的艾比不喜歡這件事。個性安靜的她很享受父母上班去、獨留她一人在家的課後時光。祖父母來訪破壞了這份寧靜，奶奶總是喜歡等她放學回家，要她說說學校發生的事──艾比抗拒和他們培養感情。

現在她很後悔。

她在訪談時告訴我：「我最後悔的是沒有聽他們說自己的故事。」但她對自己的父母採取了不一樣的互動方

＊世界遺憾調查採匿名留言制，願意參加後續訪談的填答者，可留下電子郵件地址。

式。遺憾啟發了她，她和兄弟姊妹為古稀之年的父親付費訂閱使用StoryWorth平台。每星期，平台會寄送一封寫著一個問題的電子郵件：你的媽媽是怎樣的人？你最喜歡的一段童年回憶是什麼？沒錯，還有一個問題是：你有什麼遺憾的事？收到問題的人要透過說故事，來回答問題。年底時平台會集結故事，製作成一本精裝書。艾比說，她在「要是……就好了」的心情觸動下，「追尋更豐富的人生意義，探索更寬廣的人際連結……我不想在父母百年後，體驗祖父母過世時那種『錯失』的感覺。」

艾比說，這份痛楚使她瞭解到人生是一張拼圖，而意義是當中最關鍵的一塊。她告訴我：「當身邊的人說他無怨無悔，我會反駁對方說：『不犯錯，要如何學習成長？』意思是，誰在二十來歲不留點遺憾？誰沒做過爛工作、跟糟糕的對象約會過？」最後她明白了一件事。就是每一次心有遺憾，「一部分原因都出在，我想將意義從這條方程式中抹除。」

艾比對奶奶的特別回憶，有一件是奶奶擁有非凡的烤派手藝，尤其是她經常烤來當點心的那種派。「如果你一輩子都吃索然無味的派餅，你會以為派不過就那樣。等嚐過我奶奶做的草莓派，你就回不去了。」對艾比而言，奶奶的烤派盤暗藏著人生的隱喻。

她對我說：「我的人生因後悔而滋味豐富。因為我沒有忘記後悔的苦澀，所以甜甜的東西入口時，老天，那簡直更加甜美。」她明白自己永遠無法重回與爺爺奶奶相處的那段時光。「我會永遠懷念那種滋味。」要不是「要是……就好」的心態敦促，她也不會開始收集父親的故事。這麼做也有幫助，她說：「我用這樣的美好來填補遺憾。」

「但這不是替代品，沒有任何事物能代替那種好滋味。往後，我的人生都會有個小缺憾，但我所做的其他事，每一件都有了依歸。」

要是能妥善處理，後悔可使人向上提升。瞭解後悔的作用，能夠磨練決策、使人精進、掌握更深刻的意義。但問題是，我們總是無法妥善應付後悔。

人為什麼要有感覺？

幾乎每一本談論人類行為的暢銷書，都會在內文某處提及十九世紀博學多聞的美國哈佛大學教授威廉‧詹姆斯（William James）。詹姆斯寫出史上第一本心理學教科書、創心理學授課先河，世人普遍將其視為心理學之父。而我也要循傳統在本書向大師致敬。

詹姆斯在一八九〇年出版的鉅著《心理學原理》

（*The Principles of Psychology*）的第二十二章，探討人類擁有思考能力的目的。他提出，情境會影響一個人的思考模式，甚至思考**對象**。他寫道：「既然我正在寫作，現在的我，必須將紙張視為一種書寫媒介，否則我早就停筆了。」但是在其他情境（比如需要點火，但手邊無其他物品可用），他就會從不同的角度去思考紙張的用處。這張紙本身千變萬化，它「可以燃燒、可當書寫媒介、纖薄、含碳氫化物、一邊二十公分、一邊二十‧五公分、在我鄰居田地中某塊石頭的東方僅兩百多公尺處、為美國製造物……，特色族繁不及備載。」

接著，他在學術界拋出一顆震**撼**彈，至今仍餘波盪漾：「我之所以思考，徹頭徹尾都是為了促成我的行動。」[20]

現代心理學家證實了詹姆斯的觀察，將他的論點濃縮為一句琅琅上口的「思考促成行動」（Thinking is for doing）。[21]我們都是為了生存而採取行動，為了採取行動而思考。

然而，人的感受更加複雜。產生情緒的目的是什麼？尤其是，為什麼要有後悔這種不愉快的情緒？若說思考促成行動，那人的感覺呢？又有什麼樣的用處？

有些人認為，**不必理會感覺**。依照這個觀點，情緒並不重要，只會徒增煩惱，使人從重要的事物分心罷了。能

76

避則避，最好束之高閣。時時硬起心腸，不對他人心軟仁慈，就會活得很好。

唉，用專門關住情緒的地下室隱藏黑暗面，不過是在拖延時間，總有一天還是得打開門，面對自己關起來的一團亂。一名心理治療師寫道，當你阻擋情緒的流洩，甚至可能引起「心臟病、腸胃問題、頭痛、失眠、自體免疫失調等生理狀況」。[22]掩蓋負面情緒，不僅無法驅散情緒，反而使你愈陷愈深。最後污染物會滲入生命的土壤。長期刻意淡化負面情緒，不是健全的因應策略，你可能因此變成《憨第德》（Candide）的潘格洛斯教授，一次又一次遇到災難臨頭，竟只宣稱：「一切都是為了迎來世上最棒的機遇。」這種大事化小的心理技巧與「至少心態」的反事實思維類似，確實有其作用（第十二章會再說明）。這樣的思維能夠撫慰人心，有時我們也確實需要慰藉，但這些思維可能提供我們虛假的安慰，最後喪失因應冰冷現實的工具，演變成不利決策、妨礙成長的下坡信念。

有些人則認為**感覺是為了感覺**。從這個立場看，情緒是存在的本質。你應該要談論情緒，排解情緒，盡情享受情緒。這個觀點會告訴你：「要永遠相信自己的感覺。」[23]情緒端坐於寶座之上，受人景仰，你要對其畢恭畢敬。情緒是唯一的真理。情緒就是情緒，其餘都是對情緒的闡發。

應對負面情緒，尤其是後悔，這麼做的危險，甚至高於潘格洛斯教授的妄想逃避。深切的悔意很危險，有時可能帶來極端的破壞力。它有可能使人陷入反芻性思考，嚴重損害心靈的安康，也有可能讓人反覆咀嚼犯過的錯誤，阻礙進步。許多心理健康問題都與過度後悔有關，其中最顯見的就是憂鬱和焦慮，也包括創傷後壓力症候群。[24]有一份文獻的結論便是：「抱著遺憾思來想去的人，很可能表示人生滿意度低，他們感覺自己難以妥善處理人生的負面事件。」[25]若後悔感不斷於心頭繚繞，更是如此。反覆思量會使人更加後悔，而後悔的心，讓人更跳不出思考的漩渦，形成向下螺旋。[26]芻思無助於事實的釐清，也無法為你指引方向，反而讓你陷入泥淖、無法專心。當感覺只是為了感覺，你等於為自己蓋了一間難以逃脫的密室。

當我們處理的情緒是後悔，採取第三種觀點比較健康：**感覺促成思考**。不要閃躲情緒，也不要沉浸其中。直接面對你的情緒，把情緒當成催化劑，用它去塑造未來的行為。既然思維可促成行動，那麼感覺就是能幫助思考的東西。[27]

以這個方式處理心中的後悔，與研究壓力的現代科學有異曲同工之妙。**壓力**聽起來很糟糕，但我們現在知道壓力並非千篇一律。壓力對人造成什麼影響，甚至壓力的本質是什麼，主要取決於每個人抱持的心態。[28]如果認為壓力是永遠存在、會削弱我們的力量，那麼壓力就在另一端拉扯。如果認為壓力是暫時的、有助於增進表現，壓力就會在另一端引領我們向前。無所不在的慢性壓力有害身心，但偶爾出現的高壓對我們有益，甚至不可或缺。

後悔的運作方式很類似。舉例而言，將心中的那份後悔視為對人格（我們是誰）的批判，它就是一股破壞力；認為後悔是一種評估，其對象為某個情境下的特定行為（我們做了什麼），它就是啟發人心的力量。假設你忘記心愛之人的生日，懊惱自己竟然沒想到、不夠貼心，不會有什麼幫助；但懊惱自己沒把重要日子記在電腦行事曆裡，或者沒有經常對親友表達謝意，則有益處。大量的研究顯示，接受且不批評負面經驗的人，過得比較好。[29]

同樣地，將後悔看作契機而非威脅，有助於轉化後悔——此時，後悔就像一支銳利的尖棍，而非一張壓人的厚重毛毯。它傷人至深，卻能迅速化解你心中的遺憾，帶你更有效地解決問題，鞏固情緒健康。[30]若油然而生的後悔感受壓得你無法喘息，你可能會日漸頹喪；如果能發揮鞭策的作用，後悔則能使人振作。

關鍵在利用後悔感，去催化一連串的反應：由心向頭腦發出訊號，頭腦再啟動行為。後悔都會製造不良的局面。具生產力的後悔會先產生不良局面，再推動發展。下頁的圖表說明了這個過程，箇中關鍵一覽無遺：你有怎樣

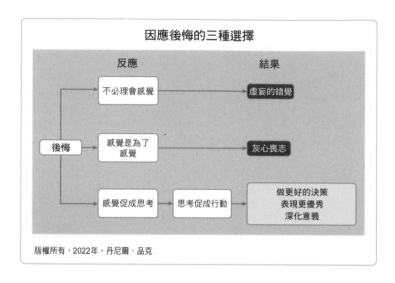

因應後悔的三種選擇

反應　　　　　　　　　　結果

後悔 → 不必理會感覺 → 虛妄的錯覺

後悔 → 感覺是為了感覺 → 灰心喪志

後悔 → 感覺促成思考 → 思考促成行動 → 做更好的決策 表現更優秀 深化意義

的反應，決定你有怎樣的結果。當你感覺到後悔有如芒刺在背，你可能會做出三種反應。一、認為不必理會感覺，掩蓋或將其大事化小。這麼做會使你產生虛妄的錯覺。二、認為感覺是為了感覺，並沉溺其中。這麼做使你灰心喪志。三、認為感覺促成思考，並積極化解後悔的情緒。這份遺憾要告訴你的是什麼？它如何指導你做更好的決策？如何使你表現得更優秀？如何深化意義？

感覺促成思考，思考促成行動，於是，後悔使我們成為更好的人。

傳說，十五世紀幕府將軍足利義政曾經不小心把一只中國茶碗摔在地上，茶碗破成了好幾片。他把茶碗送回中國修補，幾個月後，卻收到一個七拼八湊的東西。茶碗的碎片被人用粗鐵針釘起來。他心想一定還有更好的辦法，便吩咐日本的工匠設法解決問題。

工匠先用砂紙打磨碎陶片的邊緣，再用金漆黏合碎片。他們並不想忠實修復原本的茶碗，甚至不去掩飾新產生的瑕疵，工匠的目標是讓茶碗昇華成更棒的物品。於是，一種稱為金繼（kintsugi）的新技藝誕生了。這項技藝已傳承數世紀之久。一篇報導介紹：「金繼工藝在十七世紀蔚為流行，據說有人會刻意打破茶碗，再將其修復成帶有金紋的器皿。」[31]

金繼藝術將碎裂及修復視為容器歷史的一部分，是容器這個存在物的基本要素。茶碗並非「不完美卻依然美麗」，而是「因為不完美而美麗」。裂縫使得茶碗更加耀眼奪目。

這個道理可運用於陶藝，也能運用在人身上。

問問瑪拉・亞伯特，你就明白了。想不起這個名字嗎？我來幫你回想。我在前一章提到二○一六年奧運會的自行車公路賽，她是最後一刻被人超車、以第四名作收的美國選手。

亞伯特目前在懷俄明州水牛城擔任報社記者。二月的某天下午，她在水牛城透過Zoom軟體和我通話。她告訴我：「那場比賽過後，我度過有生以來數一數二難熬的經歷。」她用「破碎不堪」來描述那次經驗。

　　但她將碎片重新組合起來，從碎裂中看見新的意義。里約奧運那場賽事，讓一位資歷十年、成就不凡的自行車手的比賽生涯從此畫下句點。她沒有摘金奪銀，付出的光陰並未在那次經歷得到回報。但她表示，自己「可說從中斬獲一塊試金石和敏銳的洞察力，讓其他的決定和價值判斷變得更容易」。最重要的是，她渴望重溫那個八月的午後，在賽事中全心全意地投入和活著。「那次失敗帶給我的機會和感受，以及那種充實和完滿，教我夫復何求？」痛苦促使她以更迫切的心態和更強烈的使命感，看待接下來的人生。「要是你的心都碎了，那代表你做了一件極具重要性、極具價值的大事，程度之強烈，足以令你心碎滿地。」

　　瑪拉・亞伯特點出光流入的裂縫。我們將在下一章節認識到，凝視這道縫隙，將帶領我們一窺生命的美好。

第 **II** 部

後悔教我們的一課

「我後悔沒在年輕時改善飲食習慣，而且菸癮大、愛喝酒。大半輩子過著餐餐無肉不歡的生活。六個月前我開始嚴格吃素，人生從未如此美好。我不禁想，假如我年輕時就這麼做，會不會更不一樣。」

男性，四十六歲，宏都拉斯

//

「我花太多時間嘗試符合別人心中正常的樣子。接納自己，愛你的鄰人，用每一天創造獨一無二的回憶。」

非二元性別，六十二歲，猶他州

//

「我最大的遺憾是，身為全職媽媽卻沒有利用時間，認真教導孩子他們與上帝和耶穌基督的關係。我應該善加利用與孩子相處的時光，協助他們發展並鞏固信心，讓信仰成為奠定人生成就的堅強基石。」

女性，五十四歲，明尼蘇達州

5

後悔的表面意義

「我的身體不是聖靈的殿，它存放的是後悔。」

——@ElyKreimendahl，推特，二〇二〇年

人們對什麼感到後悔？

從二十世紀中以來，民意調查人員和大學教授便試圖回答此一問題。例如，美國民意調查所（American Institute of Public Opinion）創辦人喬治・蓋洛普（George Gallup），曾在一九四九年調查美國公民自認一生最大的錯誤為何。當時拿下第一的答案竟然是普遍的「我不知道」。

四年後蓋洛普捲土重來，進行可能是史上首次直接詢問民眾憾事的意見調查。調查團隊在一九五三年提問：「綜觀來看，假如人生能夠重來，你會過和現在大致相同

的生活嗎？還是選擇不一樣的人生？」答案一如下方報導標題所示，大部分美國人都表示，自己不會做任何改變。

　　承認和列舉自己遭遇過的困難，會感到不安是有道理的。試想，一九五三年全世界仍籠罩於二次大戰的陰影。年僅二十七歲的英國女王甫加冕登基，此時的英國仍實施糧食配給制。日本和許多歐洲國家正努力在斷垣殘壁中振作。那一年，史達林去世，韓戰終結，小兒麻痺疫苗問世。大環境如此令人憂心，還要花時間反思內心的種種感受，簡直太任性了。幾年過後，美國才興起一股自我剖析的風潮。

民意新聞服務社

每週六出刊，一九五三年十月十七日

假如人生能夠重來，
你會過不一樣的人生嗎？

過半數成年人表示對生活滿意，但有近
四成民眾表示自己會採取不同的作法。

By GEORGE GALLUP
Director, American Institute of Public Opinion

PRINCETON, N. J., Oct. 16—If you could live your life over again, would you live it in much the same way as you have — or would you live it differently?

Six out of every 10 adults questioned in a national survey by the

More men than women would

Save more money 2
Travel more 1
Work harder 1
Live elsewhere 1
Avoid my big mistakes 1
Miscellaneous 6

　　但研究人員逐漸發現，調查對象開始凝視內心的不安。在一九四九年的民調「人生最大的錯誤為何」，第一名的答案是「我不知道」，第二名是「教育程度不足」。一九五三年的民調顯示，心有遺憾的應答者之中，最多人給出「希望接受更多教育」的答案，比例占總樣本的一五％。形成這樣的比例，亦有其原因。一九五三年，僅六％的美國人口接受四年制以上的大學教育。超過一半的美國人高中未畢業。[1]美國最高法院在布朗訴教育局案（Brown v. Board of Education）裁定公立學校施行種族隔離政策違憲，仍是一年後的事。開始考慮未來受教機會的美國人變多，或許代表，後悔過去沒有受教機會或未爭取受教機會的人比以前更多。一九六五年，蓋洛普替《觀看》雜誌（Look）調查，如果人生能夠重來，美國人會有哪些不一樣的作為，四三％應答者選擇「接受更多教育」，人數比例幾乎是八年前的三倍。[2]

　　爾後數十年，民意調查人員對後悔逐漸失去興趣，由學術界接手。一九八〇年代，密西根大學的珍妮特・蘭德曼和簡恩・曼尼斯（Jean Manis），以造訪大學職涯中心的女大學生和其他成年女性為對象，檢視她們懊悔之事。兩組最感遺憾的事正巧都與教育有關。較年長女性的「要是心態」通常涉及太早中斷學業。[3]一九八九年，亞利桑納州立大學的艾琳・梅莎（Arlene Metha）和理查・

87

金尼爾（Richard Kinnier），針對二十幾歲、三十五至五十五歲、六十四歲以上等三個年齡層的女性，研究她們最後悔的事。這些女性心中最大的遺憾，都是「我應該更認真看待求學過程、努力讀書」。[4]亞利桑納州立大學另一組研究人員，若干年後調查州立大學的學生，也得出類似結果。「教育／學業」方面的遺憾發生頻率最高。[5]專攻家庭研究的學者瑪莉・凱・迪吉諾瓦（Mary Kay DeGenova）一九九二年調查退休人士，發現在友誼、家庭、工作、教育、宗教、休閒、健康等領域中，教育是人們最常產生遺憾的一塊。[6]

不僅如此。我在第三章曾提及，康乃爾大學的維多莉亞・梅德維克和湯瑪斯・吉洛維奇，做過一項關於奧運獎牌得主的知名研究。他們也在一九九四年詢問各式各樣的人士心中有何遺憾。教育類遺憾高居第一，包括「錯失受教機會」和「糟糕的升學選擇」（戀情次之，包括「錯失談感情的機會」和「不明智的戀愛關係」）。[7]隔年，梅德維克和吉洛維奇加入尼娜・哈丁恩嘉狄（Nina Hattiangadi），針對童年時期曾被視為高智商天才、現年七十幾歲的一群人，研究他們心中的後悔。教育再次名列第一，包括後悔大學虛度光陰、選錯科系、沒有在學校多念幾年書。[8]

二〇〇五年，尼爾・羅斯和艾美・桑莫維爾決定彙整既有研究，試圖確認「哪個生活領域最有可能產生遺憾」。他們整合分析、摘述九份已完成的研究（包含我在前文提及的幾份研究），將遺憾分成十二種類別——例如：職業（「要是當上牙醫就好了」）、愛情（「真希望我嫁的是傑克，不是愛德華」）、教養子女（「要是我多花一點時間陪伴小孩就好了」）。教育再次獨占鰲頭。他們分析的三千零四十一名應答者中，有三二％表示，教育是他們最遺憾的生活領域。

　　他們的結論是：「教育成為人們最後悔的一件事，至

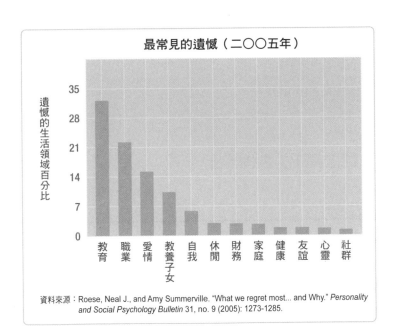

資料來源：Roese, Neal J., and Amy Summerville. "What we regret most... and Why." *Personality and Social Psychology Bulletin* 31, no. 9 (2005): 1273-1285.

少有一個原因，就是在現代社會，每個人幾乎或多或少能接觸到新的學習領域或深造的機會。」假使你沒有念完大學，或許有機會重返校園。假使需要額外的培訓或技能，或許也會有適合你的課程。如果你在二十幾歲沒有拿到碩士學位，或許能在四、五十歲的年紀念個碩士。他們寫道：「機會衍生了後悔的心，無論人生哪個階段，都有改變主意接受教育的可能性。」[9]

羅斯和桑莫維爾以「我們最後悔的事……及原因」（What We Regret Most... and Why）為題寫成論文，其結論簡單明瞭，卻並未觸及回答的核心。羅斯和桑莫維爾以及其他研究人員很快就發現，針對「後悔的事」研究所得出的答案不夠充分，而且所謂後悔的「原因」實際上揭示了更深層的意涵。

人們「真正」後悔什麼？

將教育歸結為最後悔領域的研究，儘管通過了同儕審查，從內容看卻有不少瑕疵。例如，這類研究多半以校園為場域，人們經常談論與學位、科系、課程相關的話題。假使調查場所設定在醫院、藥局或診療室，人們最後悔的領域或許就會是健康。

羅斯和桑莫維爾指出，更重要的是，先前所做的研究均採「方便取樣法」（samples of convenience），並非具代表性的總人口樣本。譬如，其中一項研究要碩士生將問卷發給自己認識的人，並沒有遵循隨機取樣的黃金準則。而針對退休人士所做的那項研究，對象為居住於普渡大學鄰近地區的一百二十二名年長者。這些樣本不可能代表印第安納州西部，更不足以代表全世界。另一份研究則是拼拼湊湊，訪問了十名退休榮譽教授、十一名安養院居民、四十名大學生、十六名神職與監護人員。羅斯和桑莫維爾表示，整合分析所收錄的研究總樣本七三％為女性，不符統計所應遵循的客觀標準，而且研究對象幾乎清一色是白人。即便是較能代表美國人口的蓋洛普民意調查，所呈現的往往亦非可靠的結果。一九五三年那次民調，有一五％的受訪者表示教育是自己最後悔的一個領域，但是提供超過一個答案的應答者約四成，比例甚至更高。

羅斯和桑莫維爾的論文結論是，必須要有一份研究，其對象足以代表複雜多元的美國總人口。二〇一一年，羅斯和同事麥克・莫里森（Mike Morrison）接下這份挑戰，將研究對象擴大至大學校園之外，以電話民調訪問三百七十名位於美國各地的民眾。他們隨機撥打電話號碼，確保樣本不致偏向任何一個地區或區域的人口，並要求受訪者詳述一件最懊悔的事，再由獨立評估人員區分答案屬於十二個生活領域的哪一個。羅斯和莫里森寫道，這是

「史上第一份真正足以呈現典型美國人在生活中最遺憾之事」的研究。

這份研究的標題為「典型美國人的遺憾：全國代表性樣本之發現」（Regrets of the Typical American: Findings from a Nationally Representative Sample），其結果與先前的研究大不相同。人們的遺憾普遍分布於各個生活領域，沒有任何一項比例超過二○％。最常見的是與戀情有關的遺憾（失去心愛之人、不滿意的戀愛關係），在所有遺憾中占約一九％。家庭其次，比例為一七％。教育和職業各占一四％。[10]

這份樣本組成多元化的研究，也讓研究人員推導出其

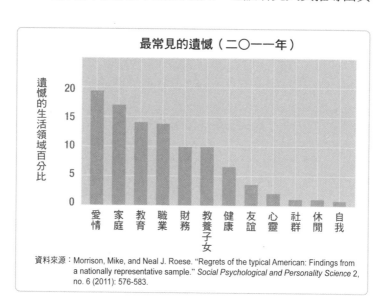

最常見的遺憾（二○一一年）

資料來源：Morrison, Mike, and Neal J. Roese. "Regrets of the typical American: Findings from a nationally representative sample." *Social Psychological and Personality Science* 2, no. 6 (2011): 576-583.

他洞見。例如,女性比男性更容易在戀情和家庭領域產生後悔的感受。正規教育程度最低的人,比較會在教育領域產生後悔,未婚的單身人士則抱有較多關於戀情的遺憾。

原因也跟先前的研究發現走向不同。研究人員同樣在結論指出,後悔與人們能夠獲得的機會有關。不同之處在於,早先的研究認為後悔蟄伏在擁有**許多機會**的領域,這份研究則發現了相反的情況。機會不復存在的領域,衍生最多的悔恨,例如認為自己年紀太大,不適合繼續深造。機會不再的後悔(問題無法解決),比例遠高於機會滿滿所衍生的悔意(問題可以解決)。

學者和調查人員對人們的遺憾之事探究了半個多世紀,終於能回答兩個核心問題:

一、人們對什麼感到後悔?

有各式各樣後悔的事。

二、為何產生這些後悔?

與機會有關。

此結果引人深思,卻無法讓人滿意。

好吧,再試一次

一九五三年以降,調查研究界有了巨大的轉變。當年,蓋洛普及其團隊在史上首次針對後悔展開的民調,訪問約一千五百人(多為當面訪談),要將應答者的回答製成表格,甚至沒大型電腦輔助。現在,連我那使用三年的舊手機,運算能力都贏過一九五〇年代全球大學的所有電腦。而我用來寫下這一句話的筆記型電腦,可透過安裝於硬碟的免費開源軟體,將我連結到全球數十億的人口並分析數量龐大的資料。它分析資料的速度和簡便性,足令二十世紀中的統計學家瞠目結舌。

我不是喬治·蓋洛普。但現代工具的力量如此強大,使用成本下降的速度飛快,就連我這樣的外行人都能追隨他的腳步。於是,苦於不夠瞭解人們心中遺憾的我,試著自行找出答案。我找了一間大型的軟體與資料分析公司合作。這間公司與安排受訪小組的公司簽有合約。我們一起打造有史以來規模最大、最能代表美國人口的後悔調查:美國人遺憾調查計畫。調查樣本為四千四百八十九名成年人,其性別、年齡、族裔、婚姻狀態、所在地區、收入、教育程度等,皆能反映美國總人口的組成比例。

完整調查結果放在網路上(www.danpink.com/surveyresults)。我們向受訪者提出七個人口統計問題,以及十八個研究問題，其中最重要的是：

後悔是人生的一部分。我們都有希望自己作法不同的
事，或者希望自己採取或不曾採取的行動。

請花點時間回顧你的人生，並用兩、三句話描述你深
感後悔的一件事。

數以千計的人生憾事湧入我們的資料庫。我們請受訪
者自行區分後悔，將其歸入八個類別之中：職業、家庭
（父母、子女、孫子女）、伴侶（配偶、另一半）、教

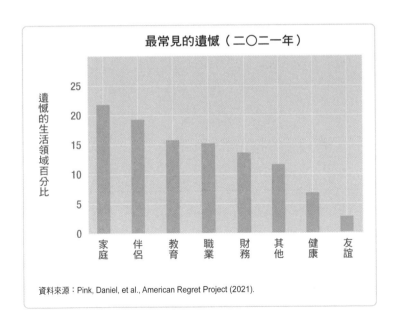

資料來源：Pink, Daniel, et al., American Regret Project (2021).

育、健康、財務、友誼、其他。接著,我們在問卷中提出
其他幾個問題,後面會提到好一些。

在我們的調查中,家庭是占比最高的一項。近二二%
的受訪者表示遇過這一類憾事。與伴侶相關的遺憾則以一
九%緊追於後。接下來,是旗鼓相當的教育、職業、財
務。最後,由健康和友誼墊底。

換言之,這份史上規模最大、最具代表性的遺憾調
查,得出一項明白的結論:令美國人感到遺憾的事情五花
八門,並不集中於任何一個領域。事實上,人們會對各式
各樣的事物心生懊悔,包括家庭關係、戀愛選擇、職業動
向、升學發展等。

或許,也沒什麼好驚訝的。畢竟,全世界的人都會懊
悔,這是人的天性。人生涵蓋各種面向,我們為人父母,
也是別人的子女、配偶、伴侶、員工、老闆、學生,我們
會花錢和投資,我們具有公民身分,並會結交朋友。後悔
怎麼不會發生在各個領域?

更重要的是,後悔可以使人更上層樓。既然後悔可以
磨練決策,使人精進並掌握深刻意義,這樣的好處,**誰說
不會**延伸至人生的方方面面?

然而,得出這樣的結論,仍然無法令人滿意。我們雖
可從中略窺後悔的樣貌,這卻與我希望獲得的啟發相差甚
遠。我再度回歸資料分析,擴大範圍、進行世界遺憾調

查，從世界各地收集上萬則遺憾之事。檢視這些資料，我
終於發現，原因出在：問題本身是對的，是我找答案的地
方錯了。

「高中打籃球，我沒有認真練習並『全力以赴』。我覺得原因是，我害怕和哥哥比較，然後發現自己比較差——到頭來，這件事真的因為自己不夠努力而發生了。」

男性，二十四歲，猶他州

//

「我隱藏自己平時的聰明才智和創造力，只為了討好別人或不惹人生氣。在跟客戶開業務會議時，也是這樣。之後卻聽見別人說：『她在客戶會議中一點用處也沒有。』」

女性，三十九歲，沙烏地阿拉伯

//

「我後悔沒有早一點深入瞭解種族歧視是什麼。」

女性，七十八歲，賓州

四種核心遺憾

　　凱文・王（Kevin Wang）的遺憾落在教育。二〇一三年，他在約翰霍普金斯大學生物系念四年級，以當醫生為目標（繼承祖父母和外祖父母的衣缽）。凱文在校成績優異，距離實踐當醫生的計畫，就差通過美國醫學院入學考試（Medical College Admission Test）。約莫十年光陰過去，凱文說，可惜當時自己「拖延好久才準備，最後把入學考試搞砸了，沒有被醫學院錄取」。現在他在紐約市立醫院工作，只不過職位是行政人員，負責控管成本開銷，而非當醫生，替人看病。

　　在美國另一端，南加州，約翰・威爾切斯（John

Welches）也在教育領域留有遺憾：

　　我快要修完創意寫作課程、拿到文科學士文憑時，教授們都鼓勵我繼續念藝術創作碩士。他們說我很有寫作實力，專心投入會發展得很好。我甚至兩度在學程舉辦的小說創作比賽中得獎。

　　問題是，我在畢業前一個月結婚了。剛結婚的人畢業後會做什麼？他會去找工作。

　　於是，他沒有順著自己真正的興趣，也沒有聽從指導老師的建議，放棄申請碩士學程，「默默踏入銀行業」，做著「會把靈魂吸乾」的文案撰寫工作。

　　兩個美國人，心中留下相同的遺憾——沒有念碩士繼續深造，如己所願發展職業生涯。這兩個人的境遇，真的一樣嗎？

　　凱文後悔沒有認真看待自己的未來；約翰後悔沒冒險一試。凱文後悔沒達到別人的期待；約翰後悔沒設下合理的自我期許。凱文後悔沒認真念書；約翰後悔沒大膽嘗試。表面上，他們的後悔落在同一領域，但抽絲剝繭之後，他們後悔的根源並不相同。

　　我在分析世界遺憾調查的過程中，有時會覺得，自己不是在研究被人類誤解最深的情緒，更像在辦大規模的線上告解會。

舉個例子。有數百人提到關於伴侶的憾事。譬如，下面這位六十一歲的澳洲男性表示：

我最後悔的是對妻子不忠，還說服自己問題出在她身上，自私地把出軌合理化。

收到這則留言的幾週後，一名三十七歲的加拿大男性說，他很後悔曾經不當對待學校的同學：

我後悔小時候霸凌過幾個同年級的小朋友。每次回想起來，我都非常難為情，滿心希望時光倒流，讓我有機會改變這件事。

沒多久，另一名同樣三十七歲的加州男性透露：

我在學生會選舉時作弊，把競選對手的朋友的選票丟掉。因為我知道，他來開會，只是為了把票投給他的死黨。我覺得自己根本不必為了勝出而做那種事，不僅有損人格，還很可悲。

三名男性在不同領域留下各自的遺憾——澳洲男性婚姻不美滿；加拿大男性小時候做錯事；加州男性曾在選舉舞弊。他們心中的遺憾，真的不一樣嗎？

這三個人都違背了道德良心，都在人生某個時刻（這一刻已烙印在他們的回憶）面臨一項選擇：應該實踐原則，或者背離良心？當年三人都選了錯誤的路。表面上，他們的遺憾呈現在不同的生活領域。穿過表層後，你會發現這些遺憾有著相同的根源。

同中存異，異中存同

如果你曾到一個說著不同語言的地方旅遊，當你看見一個四歲的小孩子講話，或許會生起一股難受的嫉妒。我就是這樣。

我是長大成人後才開始學西班牙文，學得七零八落，經常搞不清不規則動詞，弄混陰陽性，把形容詞放錯位置。那假設語氣學得怎麼樣呢？只能說¡Dios mío!（我的天啊！）但我在國內外遇見西班牙語社區的學齡前兒童，發現他們都能不費吹灰之力，說一口流利的西班牙語。

我從諾姆・喬姆斯基（Noam Chomsky）的著作，明白這是為什麼。一九五〇年代末之前，多數科學家相信兒童在語言方面有如一塊白板，主要藉由複述大人的話來學習語言。模仿對了,會受到稱讚;有不正確的地方,則被糾正。經過時間的薰陶,父母的語言系統會像電路一般,蝕刻在孩子的小腦袋瓜裡。世界各地的人使用不同的語言,證明了這套理論。儘管有些語言如丹麥語和德語,發展歷史有著重疊之處,語言本身並無相同的基礎架構。

一九五七年,喬姆斯基出版的《句法結構》(*Syntactic Structures*)推翻了這些信念。他主張每一種語言都建立於深層結構(deep structure),這是一種存在於人腦的通用規則架構。[1]兒童學習說話時,不光是鸚鵡學舌,而是啟動已經存在的文法線路。喬姆斯基認為語言並非習得的技能,而是與生俱來的能力。正在學說越南語或克羅埃西亞語的兒童,和在越南河內或克羅埃西亞首都札格雷布(Zagreb)學走路的兒童,並沒有什麼不一樣。他們都在做人類天生會做的事。沒錯,確實每一種語言都不一樣,但那只是語言的「表層結構」(surface structure)。印地語、波蘭語、斯瓦希里語(Swahili)是同一範本的變化體。所有語言的底層,都具有同樣的深層結構。

喬姆斯基提出的觀念顛覆了語言學研究,擴大我們對大腦和心智的理解。他的學術生涯曾經招來一些詆毀,包括批評他的左翼政治思想,但是他對科學的長遠貢獻無可否認。他的研究成果讓世人瞭解:語言的世界,同中存異,異中存同。

　　用喬姆斯基最知名的例子來解釋。[2]下面兩個英文句子，可說幾乎一模一樣：

John is eager to please. （約翰急於取悅。）
John is easy to please. （約翰很容易取悅。）

　　兩個句子都包含五個英文字：開頭一個名詞，後方接一個動詞，接著分別是形容詞和不定詞。其中有四個單字一模一樣，唯一不一樣的單字，差別只在幾個英文字母。但往下一層，兩個句子就差別極大了。首先，第一句的約翰是主詞，第二句的約翰是受詞。把第二句改寫成「It is easy to please John」意思完全不變。要是將第一句改寫成「It is eager to please John」，意思就完全變了。兩個句子的表層結構相同，這件事本身沒有太大意義，因為句子的深層結構不同。

　　再來看以下兩個看起來很不一樣的句子。

Ha-yoon went to the store.
하윤이는 그 가게에 갔다.

　　但往下一層看，兩個句子一模一樣，包括：一組名詞片語（Ha-yoon、하윤이는）、一組動詞片語（went、

갔다）、一組介係詞片語（to the store、그 가게에）。表層結構不同，深層結構卻完全一樣。

喬姆斯基證明，表面上錯縱複雜、亂無章法，但是這也並非全貌；雜音紛呈的巴別塔底下，是人類共譜的單一旋律。

我花了一段時間才理解這件事。我發現，後悔也有表層結構及深層結構。顯而易見和容易描述的生活領域，如家庭、教育、工作，其重要性遠不及看不見的底層架構，也就是我們抱持的動機和渴望達成的目標。

後悔的深層結構

反覆閱讀上千則對遺憾的描述令人卻步，將其分門別類、逐一細分更是嚇人的工作。但透過一遍又一遍的鑽研，我發現某些特定字詞經常出現，與應答者的年齡、地點、性別或描述主題，並無顯著的關聯性。

「努力」……「更穩定」……「壞習慣」

「把握機會」……「堅持主張」……「探索」

「錯誤」……「不對」……「我知道我不應該」

「錯過」……「更多時間」……「愛」

這些隻字片語,為後悔的深層結構提供了線索。一點一點堆砌起來,就像點描派的數千個色點,開始產生形狀。這些形狀橫跨我們每個人經歷的生活領域,滲透進思想、感受、生活各方面。可區分為四大遺憾。

根基遺憾

第一種深層結構幾乎貫穿所有的表層領域。我們在教育、財務、健康留下的許多遺憾的呈現方式不同,實際上卻屬於同一種核心遺憾:未承擔責任、不認真努力、不夠謹慎。生命必須維持基本的穩定感。缺少一定程度的生理幸福感(physical well-being)和心理安全感(material security),你會難以想像人生還有其他目標,更遑論實際去追求目標。但有時候,個人選擇會干擾長期的需求。上學偷懶,沒完成學業。錢花得太凶,存得太少。染上了不健康的習慣。當這類決定最終導致人生立基點搖來晃去,未來與期望出現落差,後悔便接踵而至。

勇氣遺憾

取得穩定的人生立基點有其必要,但還不夠。無論是學術界人士,或是我自己做的研究,都得出一項扎實的結論:隨著時間推移,比起曾經跨出嘗試的步伐,人們會對**未能把握**的機會,更常感覺後悔。這再次說明,不論承擔風險之事涉及的是教育、工作、愛情生活，表層領域都並非重點。教你無法釋懷的，是沒有拿出作為。放棄了離開家鄉、創業、追求真愛、體驗世界的機會，這些遺憾會以相同的姿態，盤踞在我們心頭。

道德遺憾

大部分的人都想當好人，但我們經常面臨可能使人走偏的選擇，而且不會總是在選擇後，立刻產生不好的感受（合理化是非常強大的心理武器，應該要用心檢視）。然而一段時間過去之後，有道德疑慮的行為會折磨我們。這件事再次證明，後悔發生的領域（婚後出軌、考試作弊、詐騙商業夥伴）意義不大，重點在於行為本身。當我們行為不當，或者放棄對自身良善的信念，便有可能衍生後悔，而且甩也甩不掉。

人際遺憾

我們的行動塑造了人生的方向，這一路上遇見的人，卻為我們的人生賦予意義。因為不瞭解這項原則，以及無法落實而衍生的後悔，多不勝數。與配偶、伴侶、父母、孩子、手足、朋友、同學、同事關係出現裂痕或交往不順，是占比最大的深層遺憾。人際遺憾的發生，在於輕忽那些幫助我們建立自我完整感的人。當那些人際關係磨損、消逝,或者始終無法更進一步,我們的心中就會覺得缺了一角。

　　我們要在接下來的四章,探索這些關於後悔的深層結構。你會瞭解世界各地的人們是如何描述**根基遺憾、勇氣遺憾、道德遺憾、人際遺憾**。在大家異口同聲告解憾事之時,你若仔細聆聽,將從中聽出弦外之音:想要過上完滿的人生,顯然有著可以遵循的一致原則。

「我後悔沒有勇敢反抗強暴我的人。現在我的身心都比之前堅強，再也不會讓男人那樣傷害我了。」

女性，十九歲，德州

//

「一九六四年，我受大學同學的邀請，參加密西西比自由之夏運動（Mississippi Freedom Summer）。但我答應幫父親的上司工作，去了奧克拉荷馬市。」

男性，七十六歲，加州

//

「我選擇能夠賺錢的路，沒有聽從自己的熱情，或者選擇真正喜歡的工作。我被母親說服，相信靠藝術吃飯會餓死。於是，現在的我困在辦公桌前，被經營管理的繁文縟節纏得動彈不得，生命逐漸乾涸。」

女性，四十五歲，明尼蘇達州

7

根基遺憾

一九九六年，傑森‧德倫特（Jason Drent）從高中畢業沒幾天，就在大型電子產品零售商百思買（Best Buy）找到了銷售助理的全職工作。傑森非常敬業，勤勉的態度很快獲得回報，沒多久，就當上百思買有史以來最年輕的銷售經理。幾年後，傑森被挖角到另一間零售商。他在新公司一路晉升，從地方經理做到區經理，很快就肩負高階主管的職責，年薪達到六位數美元。後來，他從俄亥俄州，轉戰伊利諾州、麻州、密西根州、田納西州，前途一片似錦。現年四十三的他，在一間大型服裝連鎖店的企業總部，擔任員工關係主管。

不管怎麼看，傑森・德倫特都是成功的最佳典範——這名年輕人，童年時期過著艱辛的日子，甚至在團體家庭住過一段時間，但是他憑藉頭腦、野心、膽識，在美國的企業體制中闖出了一片天。儘管如此，他在世界遺憾調查分享的故事，有一條重要的補充：

我後悔踏入社會工作後，沒有好好存錢。這二十五年來，我辛苦地工作，竟然沒攢下多少錢。想到這一點，我每天都難過得快要受不了。

傑森擁有一份出色的履歷，銀行戶頭卻沒有幾毛錢——成就斐然，荷包空空如也。

從在百思買領到第一筆薪水後，他就暗自發誓：「一有能力就要買下自己想要的東西。」他並非揮霍無度之人。他告訴我：「就是一堆沒有多大意義的日常物品」，一輛還不錯的車子和穿在身上的衣物之類的。他說，他跟朋友到餐廳吃飯總會出頭付帳，類似「校園風雲人物」的那種傲氣讓他感覺很棒。

但那些在日常生活中誘惑他的細微選擇，現在造成了困擾。他對我說：「往事不堪回首。現在的我，手中應該要有更多資源才對。」

　　考古學家認為《伊索寓言》的伊索可能並不存在。但直到今天，伊索都是赫赫有名的成功作家。以其為名的《伊索寓言》收錄的故事（可能由不同時期的創作者所撰寫）可追溯至公元前五世紀，兩千多年來銷量屹立不搖，堪稱書店童書專區的長青樹，也是熱門的睡前故事。在播客節目和串流服務當道的時代，依然廣受歡迎。誰不喜歡聽會說話的動物講人生道理呢？

　　其中有一篇廣為人知的故事〈螞蟻與蚱蜢〉看似簡單，卻蘊含很深的道理。它描述一隻遊手好閒的蚱蜢，在漫長的夏季裡，成天拉小提琴，還慫恿螞蟻好友一起跳舞，盡情享受昆蟲的樂事。螞蟻拒絕了牠的邀約，選擇不辭辛勞，賣力地將玉米和穀物搬到存放糧食的地方。

等到冬天來臨，蚱蜢發現自己犯了大錯，只能緊緊抱著小提琴取暖，沒多久就餓死了。深謀遠慮的螞蟻則是和家人快樂地享用夏天存下的豐富糧食。

我在和傑森的對話中，提到他讓我想起蚱蜢的故事。他懊惱地搖頭。「我一直沒有提早準備。」在人生的夏季時段，「我老是目空一切，把『有什麼了不起』掛在嘴邊，就這樣草草度過人生。」他說，到頭來「二十五年只是虛度光陰」。

後悔四種深層結構的第一種，我稱為「根基遺憾」。

根基遺憾源自缺乏深謀遠慮和未盡己責。一如後悔所有的深層結構，根基遺憾起因於選擇。我們會在年輕時面臨一連串的抉擇：一條代表螞蟻選擇的路，這類選擇，以短暫的犧牲換取長遠的報償；另一條代表蚱蜢選擇的路，短期來看，不需要兢兢業業、吃苦費力，卻必須承擔往後的代價。

我們在這個交叉路口選擇了蚱蜢的路。

錢花得太凶，存得太少。飲酒狂歡，不懂得定期運動，也不懂得吃對的食物。在學校、家庭、職場，能不花力氣，就不花力氣。這些選擇的深遠影響，不會在當下立刻完全現形，而是隨著過程日積月累。很快地，整體影響會強烈得令人無法忽視，最後，大到無法彌補。

懷抱根基遺憾的人多半會說：**要是我曾經付出努力就好了。**

誘惑與定律

根基遺憾從無法抗拒的誘惑開始，終結於一條千古不變的定律。正如下面提到的這名來自加拿大亞伯達省的女性，她心中抱持伊索寓言式的懊悔：

我後悔這幾年沒照顧好自己的健康。我做了很多傷害健康、對健康沒太大益處的事。而且我沒有存退休金，現在，我六十二歲了，既不健康又身無分文。

一般人都會把〈螞蟻與蚱蜢〉當成寓言故事來讀，但它其實也是一篇在講認知的故事。整個夏天都在玩樂、沒為冬天儲存糧食的蚱蜢，是被經濟學家所稱的「時間折扣」（temporal discounting）給迷惑了。[1]牠高估當下這一刻，低估了未來的價值（所謂的「折扣」）。當思考模式被這種偏誤給箝制住，人往往就會做出後悔的決定。

伊索喜歡用寓言來講解人生道理。我們也可以用一個簡單的圖表，清楚傳達箇中意涵：

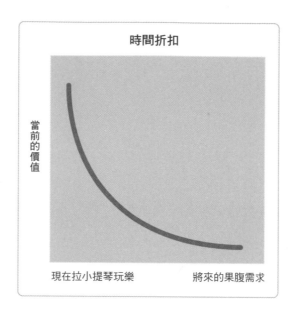

時間折扣

當前的價值

現在拉小提琴玩樂　　　　　將來的果腹需求

　　蚱蜢認為在當下拉小提琴玩樂，比將來的果腹需求還重要。這名亞伯達省女性年輕時看重享樂，不重視壯年時期的健康和滿足感。傑森・德倫特說，他領到頭幾份薪水時，有一種「不可一世」的感覺，讓他無法將眼光放遠。

　　美國人遺憾調查和世界遺憾調查的應答者，都在言談中提及早年的過度行為，表示自己有時間折扣的經歷。一名阿肯色州的三十一歲男性表示：

　　我在二十歲出頭時太愛喝酒，發生了酒駕事件，打壞從軍的計畫。

116

一名愛爾蘭的四十五歲女性表示：

我年輕時沒有好好照顧自己，酒喝太多、菸抽太凶，而且跟太多男人上床了。

一名維吉尼亞州的四十九歲男性說道：

我後悔沒有認真念大學。我沒有好好思考自己的未來人生，而是花太多時間享受眼前的快樂了。

當你發現自己或其他人說出「太……」，代表根基遺憾在心裡成形，例如：太愛喝酒、太愛打電動、太愛看電視、花太多錢，或者從事眼前的誘惑勝過長遠價值的活動。接著，再聽聽話中是否包含「疏於……」，用這個句型來描述求學過程、儲蓄、體育或樂器的練習，或是其他需要持續投入心力的活動。舉個例子，一份對大學運動員進行的研究發現，大學運動員最後悔的事，脫不了吃太多、睡太少、疏於訓練。[2]

時間折扣只是開頭而已，這個後悔的深層結構，還會引起另一個與時間有關的問題。有些遺憾會立即帶來痛苦。比如說，假使我開車在路上狂飆，撞上另一輛車，我會馬上因為選擇這麼做、導致撞車而後悔。我的車被撞得稀巴爛、背上痛得要命，一整天就這樣毀了。但根基遺憾不像撞車一般，轟的一聲，後果來得如此狂暴，它有自己的步調。

海明威在一九二六年出版的《太陽依舊升起》（*The Sun Also Rises*）第十三章描述，主角傑克·巴恩斯（Jake Barnes）和幾名移居海外的朋友，來到西班牙潘普洛納（Pamplona）。眾人相聚飲酒。言談中，蘇格蘭人麥克·坎貝爾（Mike Campbell）提及自己最近破產的事。

美國人比爾·戈頓（Bill Gorton）問道：「你是怎麼破產的？」

坎貝爾回答：「分成兩種，逐漸破產和突然破產。」[3]

這也是人們發現根基遺憾的歷程。許多健康、教育或財務的失誤，本身不會造成立即性的巨人破壞。然而，所有不當決策會日漸匯聚力量，以龍捲風之姿襲來，等我們意識到時，已然束手無策。

知道後果卻為時已晚的人們，再次使用類似的字詞，來描述心中的懊悔。一名六十一歲的佛羅里達男性，在留言中，無意間模仿了海明威的簡潔文風：

年輕時沒存錢，利滾利。

一名四十六歲的澳洲人說：

年輕時我應該選不同的科系，並且用功念書，享受人生的加乘效果。

一名三十三歲的密西根人說：

我後悔年輕時不懂閱讀的好處。我現在瞭解到閱讀的價值，經常想，如果早十年到十五年開始閱讀，會有多大的加乘效果。

抱持蚱蜢心態的人，難以理解加乘這個強大的概念。

假設給你兩個選項：你可以在今天拿到一百萬美元的現金，或是今天先拿一分美元，之後連續一個月，每天拿到的錢比前一天的金額高一倍。實驗證明，多數人會選擇拿一筆一百萬美元的現金。[4]在我們達成約定的前三個半星期，拿一百萬看起來是明智的決定。但是再過一小段時間，來到第三十天，原來的一分錢會累積超過五百萬美元。我們可以再畫一張圖，來解釋加乘的力量。你會發現，這條曲線是前一張圖表倒轉過來的樣子。

假設利息以五％加乘，投資一萬元，可在一年後生出五百元。十年後將賺進約六千五百元。二十年後，一萬元快要翻成三倍。三十年後，本金將超過四萬四千六百元，來到最初投入金額的四倍多。短期看，你借錢或存錢的利

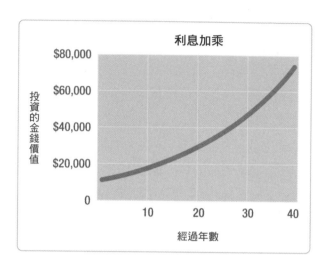

息不是太高。到了中期，利息滾動速度會加快。長期來看，金額激增。這項原則不只適用於金錢——經過時間的積累，飲食、運動、學習、閱讀、工作，這些領域的微小決定會產生爆炸性的好處或傷害。

　　由此可知，大腦在我們身上施展兩種把戲：一是慫恿我們過度看重現在、貶低未來。接著，大腦讓我們看不透選擇的非線性走向與加乘效果。將前面兩個圖表重疊，就形成一個難以逃脫的陷阱。

　　根基遺憾不僅難以避免，而且一旦發生，將覆水難收。人們在遺憾調查中清楚表示，在傑森身上發生的這類財務型後悔，特別難以修正。一名五十五歲的加州女性表示，短視近利讓她欠下一屁股「甩不掉」的債。一名四十六歲的印度男性由於缺乏良好的財務基礎，無法擁有「像樣的生活空間」。一名四十七歲的華盛頓州女性說：「想到自己把可以存下來的錢浪費掉，我就感覺有點反胃。」另外，一名未能「及早學習妥善管理金錢」的麻州四十六歲女性說出結論：「發生在我身上的其他遺憾，似乎多半都回溯到這個源頭。」

根基遺憾普遍發生在不同地區、不同性別的人身上，不過年長的應答者發生率略高。原因是，根基被削弱，這件事的發生和發現都需要時間。一名田納西州男性表示：

我大學時應該更用功念書。拿到好成績，能讓我找到更好的工作，更快賺到更多的錢。

十九歲，根基還很穩固。二十九歲，根基開始鬆動。三十九歲，根基動搖。現在四十九歲了，這名男子感覺到自己的根基即將崩塌。立足點之所以搖晃，可追溯到三十年前看似微小的決定。但就連年紀輕輕之人，還沒見識到錯誤決定的加總後果，也提及這類遺憾。一名馬來西亞的二十五歲女性表示：「我希望自己當初認真讀書。」另一名居住於印度的二十五歲女性表示：「我真希望大學時期更用功一點，更謹慎運用時間。」

許多應答者除了感嘆當初未能奠下良好根基而嚐到苦

果，也對失去的機會惆悵不已。一名二十多年前被學校開除的四十九歲女性寫道：

我真希望自己當年懂得珍惜念大學的機會，更用功拿到學位。

健康選擇也是一樣的模式，飲食習慣不良、缺乏運動，最後會積累成破壞根基的力量。在世界遺憾調查中，六大洲的應答者都提到後悔抽菸（尤其是年輕就開始抽菸的人）。比如以下這名三十九歲的哥倫比亞男性所說：

我很後悔，自己雖然清楚抽菸對健康和環境不好，但我這一輩子還是抽太多菸。我每天抽一包，有時抽得更凶。我用抽菸來逃避挫折和焦慮感。

在心理健康方面，根基遺憾往往牽涉到未能看出問題，並尋求補救辦法。就如這名四十三歲的奧勒岡州男性所說：

我後悔二十幾歲時沒認真看待自己的心理健康，我因為這樣，完全失去自我成長意識。

　　許多心理基礎塌陷、正在重建的人，後悔未能早一點付諸行動。例如，一名四十四歲的亞利桑納州女性表示：

　　我後悔沒有早個十年或十五年，去尋求優秀心理治療師的協助。

　　一名來自奧勒岡州的五十七歲非二元性別人士，則是後悔：

　　我沒有在二〇〇二年第一次被開抗憂鬱劑時就服用藥物，而是等到二〇一〇年才服藥。藥物正是我需要的幫助。我後悔沒早一點開始服藥，如果有，那八年會過得很不一樣。

　　這些遺憾都有解方。我們能用老生常談的寓言故事來為根基遺憾下定義。也可以用一句古老的中國俗諺，說明根基遺憾的因應之道：
　　種樹的最佳時機是二十年前，其次是現在。

根基歸因謬誤

　　根基遺憾，比後面幾章說明的另外三種深層後悔來得更狡猾。請記住，後悔和失望之間的差異是，後悔自己要承擔責任，失望則是不在你能控制的範圍。早上醒來，發現牙仙沒給獎勵的小孩**感覺失望**。後悔，則是你自己的錯。一早起床，發現自己忘記拿走孩子掉下的牙齒、換成禮物的父母**感覺後悔**。但是講到身體健康、學業成就、財務安全感這類事務，出了問題，究竟要歸責於個人、抑或外在環境，就無法一刀劃開，清清楚楚。

體重過重，問題出在個人營養攝取的選擇，還是從來沒有人教你（甚至為你示範）如何吃得健康？你的退休帳戶裡金額少得可憐，是因為你將太多錢花在微不足道的小事物上，還是因為背著就學貸款踏入社會，一點緩衝的財務餘裕都沒有？大學輟學，是因為你不夠勤奮，還是因為你就讀的是二流高中，沒有培養出因應大學課堂嚴格要求的能力？

基本歸因謬誤（fundamental attribution error）是人類常見的認知偏誤。某種程度上，可說最終極的一種偏誤。人們（尤其是西方人）在嘗試解釋他人行為時，經常將行為歸因於對方的個人特質及天生個性，而不去考慮對方的處境與時空背景。[5]用一個經典例子說明。在高速公路上遇到不當超車時，我們往往立刻認定對方是個亂開車的渾球，而不會假設對方可能急著趕路去醫院。或者，看見有人簡報時慌了手腳，我們傾向認定對方天生容易緊張，而不會假設這個人只是缺乏面對人群的經驗。我們將絕大部分的原因歸咎於個人，極少部分歸咎於環境。

根基遺憾也可能出現類似基本歸因謬誤的狀況。我們往往將自身和他人的失敗歸因於個人的選擇，然而問題往往至少有一部分出在無法控制的情事。*因此，想要消弭根基遺憾、找出避免之道，除了要改變當事人，同時也要改變他的處境、背景和環境。我們必須從社會、社群、家庭等各方面著手，去營造合宜的條件，讓人做出更好的基本選擇。

這正是傑森・德倫特努力奮鬥的事。

從蚱蜢身上學到的一課

傑森目前任職於一間零售商，負責監督職場政策與相關計畫；公司員工超過一千名，大多年紀尚輕。比起十幾歲在百思買兜售DVD光碟機的那段日子，現在的他，對工作懷抱更強烈的使命感。他說：「我引導員工瞭解如何妥善做出各種基本的人生抉擇。我不是世上唯一出身條件

---

*這在貧窮與其他剝削情況中尤其明顯。森迪爾・穆蘭納珊（Sendhil Mullainathan）和埃爾達・夏菲爾（Eldar Shafir）在巨著《匱乏經濟學》（Scarcity: The New Science of Having Less and How It Defines Our Lives）闡述，當時間、金錢或選擇遭到剝奪，會大幅占據心智頻寬（mental bandwidth），導致個人無法做出聚焦於未來的明智決定。

不好的人。」

他向同事們說明技能養成與人脈的重要性，當然，也教他們要未雨綢繆，從每一筆薪水存下一點錢。他告訴年輕人要擬定計畫，示範如何規畫人生，也親身實踐他給予的建議。

他說：「我毫不避諱地告訴大家，自己四十三歲了，身上一點錢都沒有。真希望〔年輕時〕有更多四十三歲的人這樣坦白相勸。我說的就是蚱蜢的警世故事。」

所有深層結構的後悔都顯示一種需求，也為人們上了寶貴的一課。根基遺憾揭示的人類需求是穩定感：我們都需要擁有基本的教育水準、財務水準和生理幸福感，來降低心理上的不安，讓我們擁有更多追尋機會及意義的時間和心力。

這寶貴的一課，兩千五百年前就有人教導我們了。未雨綢繆、身體力行，現在就付諸行動，幫助自己和他人成為勤勞的螞蟻吧。

「十三歲時，我覺得繼續學吹薩克斯風好蠢，就這樣中斷了學習。十年後，我發現當時那樣想真是大錯特錯。」

男性，二十三歲，加州

//

「我一踏入社會就認為每天工作十八小時、每週六天，能夠功成名就。結果，我毀了自己的婚姻，也幾乎毀掉健康。」

男性，六十八歲，維吉尼亞州

//

「我後悔沒在母親的見證下完成終身大事。當時我的未婚夫在軍中服役，我們必須在距離俄亥俄州十萬八千里的奧克拉荷馬州趕緊辦完婚禮。母親病得很重，一個月後就去世了。我本可讓她享受到親眼目睹我結婚的喜悅，但我很自私，沒有努力讓這件事成真。」

女性，五十一歲，俄亥俄州

8

勇氣遺憾

　　一九八一年十一月某天晚間，一個名叫布魯斯的二十二歲美國男子，坐在一列經法國向北急駛的火車上。一名年輕女性在巴黎火車站上車，在他身旁的位子坐下來。布魯斯的法文程度很差，但女生的英文還不錯，兩人就這樣聊了起來。

　　布魯斯去年一整年都待在歐洲。他在一個瑞典家庭寄住，打零工過生活，並且藉著搭便車的方式，在歐洲大陸四處旅行。現在，他搭著火車前往斯德哥爾摩，準備搭機飛回美國。他的歐洲鐵路通行證明天就要到期了，沒有多少時間可以耽擱。

這名一頭深褐色頭髮的白人女子來自比利時，比他年輕一、兩歲，正在巴黎打工換宿，趁著工作空檔，要回家鄉比利時的小鎮度假。

兩人一下就搭上話，有說有笑，玩起吊死鬼猜字遊戲和填字遊戲。沒多久就牽起手。

布魯斯不久前告訴我：「我們兩個感覺好像認識了一輩子，之後我再也沒有經歷那樣的感受。」

火車軋軋前行，時光匆匆。午夜來臨前，火車即將進入比利時的一個車站。女孩站起身：「我得下車了。」

布魯斯說：「我跟妳走！」

她說：「天啊，我爸會殺了我！」

他們一起穿過走道，來到門邊，在門口接吻。布魯斯急匆匆地在紙條寫下他的名字和父母親在德州的住址，遞給女孩。車門打開，女孩步下火車，門又闔上了。

布魯斯說：「我只是愣在那裡。」現年六十多歲的布魯斯，要求我別寫出他的姓氏。

等他回到座位，同車廂的乘客還問他，怎麼沒跟女朋友一起下車。

布魯斯說：「我們才剛認識！」他連女孩的名字都不知道。根據布魯斯的解釋，兩人之所以沒有告知彼此的姓名，是因為「感覺認識已久」。

隔天，終於抵達斯德哥爾摩的布魯斯，便搭上回美國的班機。

四十年後，布魯斯在世界遺憾調查訴說這個故事。他的結論是：「我從此再也沒見到她，我一直希望當時自己跟著下了火車。」

若說根基遺憾的源頭是，少了事先規畫、沒有全力以赴、沒有堅持到底、沒有為人生打下穩固的根基，那麼勇氣遺憾便是它的孿生兄弟。勇氣遺憾源自未能善加利用自己的人生根基——沒有藉由這個跳板，去斬獲更豐富多彩的人生。有時候，勇氣遺憾是從一連串的決定或猶豫不決累積而來；有時候，則是在某一刻突然發生。但不論起因為何，勇氣遺憾總會在心中引起相同的疑問：該謹慎行事，或者把握機會？

勇氣遺憾發生在選擇謹慎行事的時候。剛開始，你或許會感覺鬆一口氣。繚繞在心頭的改變，聽起來太宏大、太具破壞性、引發太多挑戰——這麼做太困難了。但你所做的選擇會回過頭來反噬你。人會在反事實思考中認為，當初應該大膽行事，以獲取更高一等的成就。

面臨勇氣遺憾的人會說：**要是我當初冒個險就好了。**

勇敢發聲，直言不諱

勇氣遺憾往往起於未傾聽內心的聲音。三十二歲的康乃狄克州消費信貸經理札克‧哈瑟巴斯（Zach Hasselbarth），這麼回覆世界遺憾調查：

高中時期，我因為害怕別人的閒言閒語，不敢外向一點。我後悔自己太過害羞，沒有多把握機會。

他在訪談中告訴我：「那時候，我覺得被人拒絕就是世界末日，以為別人說不也是世界末日。」所以他老是低著頭，不開口多說話，儘量不讓別人發現他的存在。後來，多虧大學認識一個個性大膽的室友，才讓札克稍微拋開一些人際互動的框架。但他仍然會因為一些錯過的機會、沒做出的貢獻，對自己雞蛋裡挑骨頭。

許多問卷應答者表達的遺憾，幾乎和下面這名三十五歲卑詩省的男性如出一轍。他說：「我在愛情、學校、家庭、工作，都沒有學會為自己勇敢發聲。」有些人提到「害怕說出自己的意見」。有非常多的人，不分年齡與國籍，對「個性太內向」感到後悔。

個性內向或外向，其實是個具有爭議性的議題。部分原因是，多數人的觀念與正統科學的見解有所出入。

在麥爾斯－布瑞格斯性格分類法（Myers-Briggs Type Indicator，簡稱MBTI）等人格測驗普及的影響下，一般認為個性分內向及外向兩種。但一百年前人格心理學家開始研究這個主題時，早已發現大部分的人或多或少兩種個性兼具。內、外向不是非黑即白，比較類似光譜的概念——約有三分之二的人落在中間地帶。[1]可是幾乎沒有人在遺憾的量化或質化調查中，表示自己因過度外向而後悔，卻有許多人感嘆自己落在內向的那一邊。

例如，一名加州男性後悔用「內向個性」當作無法在課堂、辦公室，甚至「運動場上」，替自己「勇於發聲的藉口」。

一名四十八歲的維吉尼亞州女性表示：

我後悔讓害羞內向……阻擋我去拓展各種領域，把握比現在更好的工作機會、參與更棒的活動，以及接觸更好的約會對象。

一名五十三歲的英國男性說：

我後悔青少年和青年時期太害羞、太彬彬有禮，總是選擇安全的路，不想冒犯別人。我應該多冒險，更堅定、更有自信，嘗試更多的人生體驗。

　　我喜歡與安靜的人相處，是內外向兼具的標準中間性格者。站在場外，看別人斥責西方文化「奉外向為圭臬」，場邊的我拍手叫好。可是證據顯示，適度略往外向那一端靠近，對人們有益。譬如，加州大學河濱校區的賽思‧馬格里斯（Seth Margolis）和索妮亞‧盧波米爾斯基（Sonja Lyubomirsky）發現，單單要求人們刻意展現外向性格一週的時間，幸福感即可提升。[2]

　　同樣地，許多克服焦慮感的人，即便只是表現出一點冒失的態度，都紛紛表示自己脫胎換骨了，包括下面這位五十六歲的北卡羅萊納州女性：

　　我一直到生了小孩，替他們發聲，才學會如何替自己發聲。在那之前，尤其是學生時代，我從來沒有在班上對惡霸或壞心眼的同學表示過意見。我當時不曉得怎麼勇敢說出心聲。真希望我以前不是那麼安靜的人。

採取行動，挺身而出

　　布魯斯在歐鐵邂逅女孩之後的頭幾個月，住在德州大學城（College Station）。那時，他母親收到一封貼了法國郵票、蓋有巴黎郵戳的信件。母親將信轉寄給布魯斯。信封裡只有一張紙，字跡龍飛鳳舞。

　　寫信者的英文不太好，可能因為這樣，不太容易辨識文字想要傳達的情感。布魯斯此時得知女孩的名字是珊卓，除此之外，資訊不多。珊卓寫道：「這或許有點瘋狂，但我想起你時，臉上總是帶著微笑。雖然你對我認識不深，但我相信你瞭解我的感受。」字字觸動布魯斯的心絃。但信末，女孩卻潦草收尾，令人摸不著頭緒地寫道：「祝你擁有愉快的一天！」珊卓沒有提供姓氏，也沒有附上回信地址。

　　一九八〇年代初，還沒有網路的時代，兩人就此斷了音訊。對布魯斯而言，這扇門打開以後，又再度闔上。

　　布魯斯沒有想辦法尋人，而是把信件扔了。

　　「我認定自己不該留下這封信，」他告訴我：「否則我會沉溺其中。」

　　勇氣遺憾的痛苦來自於「要是心態」。包括吉洛維奇和梅德維克在內的研究人員多次發現，比起後悔某種作法，人們更常因為沒有採取行動而留下遺憾；將時序拉長來看，更是如此。吉洛維奇和梅德維克在一份早期研究論文寫道：「沒有採取行動的後悔感……半衰期比採取行動的後悔感更長。」[3]在我自己進行的美國人遺憾調查計畫中，未採取行動的後悔，發生次數多過採取行動的後悔，比例幾乎是二比一。另一份研究同樣發現，就連個人主義較不盛行的文化，如中國、日本、俄羅斯，未採取行動的後悔感發生次數也明顯較高。[4]

出現落差的關鍵在於，當我們採取行動，我們可以掌握接下來會發生什麼事。眼見結果的發生，將後悔的半衰期縮短。若是不採取行動，好比當時布魯斯沒有走下火車，我們就只能推測事件會如何發展。吉洛維奇和梅德維克指出：「比起採取行動的後悔，不採取行動的後悔更鮮明、立即，而且更看不到終點，所以會更經常想起。」[5]又如美國詩人奧頓・納許（Ogden Nash）以一首長詩，描述作為和不作為所引起的後悔的差異：

是疏忽，這第二種過失，
會在你皮膚底下產卵。[6]

採取行動的後果明確、具體而有限。不採取行動的後果則是籠統、抽象、不受限制。不行動會在你的皮膚底下產卵，使人無盡猜疑。

這或許是勇氣遺憾在感情生活比比皆是的原因。我或許應該建一個供智慧型手機使用的遺憾交友軟體，因為有好多人的留言就像下面這位三十七歲愛爾蘭男性所說的：

我在大學遇到了夢幻對象，卻始終提不起勇氣邀她出去。

或者，如同這名六十一歲奧克拉荷馬州女性的遺憾：

我四十五年來一直深愛著一個人，卻一直沒有打電話聯絡對方。

或者，像是這名六十五歲加州男性所後悔的事：

我沒有約她出去。要是那樣，我的人生將截然不同。

勇氣遺憾持久不退，因為與事實相反的可能性多不勝數。要是布魯斯那個十一月的夜晚和珊卓一起下了火車，結局會如何？也許兩人只是發展出一段短暫的十二月戀情。也許布魯斯後來會在歐洲生活，而不是如現實的結局，在太平洋西北地區度過人生。又或者，兩人會生下三、五個比利時和美國混血小孩，孩子們對父母親如何意亂情迷的邂逅故事，早已聽得不耐煩了。

所有的勇氣遺憾都具有相同的核心，就是發展機會受到阻撓。你無法成為原本可能成為的人——一個更快樂、更勇敢、更成熟的人。在這有限的一生中，有幾個重要目標，再也無法達成了。

職場，這個多數人醒著時、投入大半時間的地方，更為這一類遺憾提供滋長的沃土。一名三十三歲南非女性的留言代表許多人的心聲：

我後悔沒有早一點鼓起勇氣在工作中大膽嘗試，而且我太在乎別人對我的看法了。

札克同樣對年輕時期的羞澀感到懊悔。他回憶起在紐約州首府阿爾巴尼市長大的歲月，告訴我：「在阿爾巴尼，你只需要找一份工作，為紐約州政府工作二十年，然後退休。領到退休金，直到老死。」躲進舒適圈，總是很容易；踏入未知領域，當然比較難。札克的父親就沒有把握太多的機會。他叫兒子聽他的話，不要學他。他告訴札克：「別打安全牌。」

許多在職業生涯持保守態度的人，來到較穩定的中年，再回首過去所做的選擇，都希望自己當初沒那麼保守。一名五十六歲的賓州男性，後悔地表示：「早在十四年前，我就知道這間公司無法實踐我的抱負，我卻一直待在這裡。」又如，一名五十三歲英國男性後悔，「沒有早點離開安全感十足的工作，順從直覺，忠於自己的核心價值觀。」一名五十四歲奧勒岡州女性，則是後悔「沒在接近四十歲時，提起勇氣到外地工作」。她將這份遺憾歸結為「安於現狀」。

未踏出創業的第一步也是常見的勇氣遺憾。在大型藥廠工作多年的妮可·賽瑞納（Nicole Serena）雖然自行創業，在多倫多附近地區經營顧問與培訓公司，心中卻留下遺憾。她後悔沒早一點行動。

一名加州創業家表示：「我的職業生涯應該早一點大膽採取行動。我最後辦到了，卻浪費太多時間聽權威人士的說法。」

有幾名曾經創業、後來歇業的應答者，表示後悔承擔過高的風險。他們說，創業失敗的原因是自己能力不足、不夠幹練，或者未曾領略真正的創業精神。然而，與後悔未大膽行動的人相比，這些人的占比少之又少。許多人甚至希望能有第二次機會。舉例來說，一九九七年，網際網路剛萌芽，道格·朗德斯（Doug Launders）在佛羅里達中部創立一間網路培訓公司。這間公司「撐了幾年，最後還是倒閉了」。他說：

我從馬背上摔下來，認定自己不適合騎馬。接下來二十年，我被別人的馬匹拉著犁土。我後悔自己再也沒有騎上馬背。五十七歲了，我還在嘗試如何上馬。

某些人因為沒在職場上冒險，失去了發展機會。不過也有許多人失去的是自我成長的機會。許多勇氣遺憾反映出，人們渴望為了成長而成長，而不是看中什麼好處，才去追求成長。例如,遺憾調查中有數百名應答者表示,最後悔年輕時拒絕遠行的機會。要是我的遺憾交友軟體行不通,我還可以建立憾事景點旅遊網站,為遺憾調查中後悔未出國念書的一票大學畢業生,推出特別套裝行程。

澳洲阿德萊德市(Adelaide)的潔瑪・威斯特(Gemma West)表示:「我最後悔的,不是做過的壞事或蠢事,而是沒做的事。」

〔我〕最後悔十八歲時,因為恐懼沒去歐洲當背包客,這是澳洲人的重要人生儀式。我最要好的朋友只好跟別人去。

一名四十七歲的猶他州女性說:

我後悔年輕時,沒有趁著還未背房貸、生兒育女、找到「正經工作」、承擔大人的各種責任之前,多去旅行。因為現在我覺得自己已經失去旅行的自由。

一名四十八歲的俄亥俄州男性說:

我後悔沒有多冒險⋯⋯花時間旅行、探索、體驗這個世界。我被失望的恐懼所掌控,我允許別人的期待變得比自己的還更重要。我一向是聽話的「乖寶寶」,努力討好身邊的人。我過得是不錯,但就是希望自己有更多值得分享的體驗。有一天⋯⋯

就如這位俄亥俄州男性所言,勇氣遺憾通常與探索有關。在應答者提及的重要探索活動中,有一些是挖掘內在世界。擁有真實的自我,需要勇氣。真實的自我受阻,成長也不會順遂。關於這一點,最有力的證明就是世界遺憾調查中,有數十人用相同的句子,來描述自己因為不夠大膽所留下的遺憾:「沒有忠於自我。」

即使身分認同與主流文化相左,能夠維護自我身分認同的人,也鮮少因此而後悔。壓抑自我身分認同的人,則是提及沒有讓自己活出完整的生命。

以這名五十三歲的加州居民為例:

我後悔沒有早一點出櫃,表明自己是男同志。這件事當然影響我展現自己的方式、我的工作表現,以及和同事的交流。

或如這名五十歲的麻州女性所說:

身為少數族裔女性和移民,我後悔自己沒有在別人嘲笑我的口音、膚色和文化時，勇敢發聲或指正對方。

再如這位三十六歲紐約居民的留言：

我後悔沒在年輕時告訴父母我是同志。這麼多年來，我都假裝自己是異性戀，至今仍無法開口告訴大家我深愛一名女性。

有時，最終極的大膽必須承擔風險。即使令他人不安，勇敢說出心中的聲音，才能替自己開拓新局。

火車、飛機、自我實現

其實布魯斯並沒有丟掉珊卓的信。他是打算這麼做，也以為自己把信扔掉了。但某次訪談後，他開始搜尋擺放物品的舊盒子，發現那封信被夾在一堆文件裡。他四十年沒打開這封信了。他對我說：「珊卓的手寫字隨著腦中的記憶鮮活起來。」她那彎來捲去的字跡，「看起來就跟我們在紙上玩的猜字遊戲時一模一樣。」他甚至掃描信件，用電子郵件寄了一份給我。

但他沒有拿給太太看。布魯斯一九八〇年代中就結婚了。兩個孩子都已成年。他從來沒有告訴太太火車的故事，也沒提過那個女孩或那封信。原因不是他認定太太會把這件事看成他對婚姻不忠。而是一旦開啟這段對話，可能會洩漏許多埋藏心底的想法。

他說：「要說我後悔結婚嘛，這是違心之論，但這段婚姻能維持下來並不容易。繼續保持婚姻關係的理由有很多，其中一點是，你承諾過會跟對方白頭偕老。」

我問他：「你有沒有想過，假使當時你在那個比利時車站下了車，事情會如何發展？」

他開玩笑說：「我想過。但我不讓自己有太多的想像，因為那會招來新的後悔。我不想讓那份遺憾堆疊成無以復加的悔恨！」

話雖如此，再次展信後，他在巴黎分類廣告網站的尋人欄張貼了一則訊息，抱著一絲找到珊卓的希望。這是他在四十年的黑暗中點起的唯一火光，無異於盲目地向四周揮舞手腳，或許，也是回答「要是……」這種假設性問題的最後嘗試。

當年的那兩名年輕乘客，如今皆已邁入耳順之年。假使能找到她，布魯斯再也不會犯同樣的錯誤。他會不計一切代價把握機會，與她共譜人生。

所有屬於深層結構的後悔都顯示一種需求，也為人們上寶貴的一課。勇氣遺憾揭示的人類需求是成長：追求個人發展、盡情體驗世界，不只尋常度日，而是享受多采多姿的人生。

　　這一課，做起來很簡單：勇敢發聲、邀對方約會、踏上旅途、開創事業、走下火車。

「我後悔一九九一年的夏天，沒有勇敢反抗那個叫雷伊的同學。我就這樣一走了之，一直後悔沒為自己挺身而出。」

男性，四十四歲，內布拉斯加州

//

「我後悔墮胎。當時我還年輕，在念大學，心裡很害怕。這件事在我心頭始終揮之不去。」

女性，三十四歲，印第安納州

//

「我拖了好久，才以女同志的身分出櫃。」

女性，三十二歲，巴西

道德遺憾

　　凱琳‧維賈諾（Kaylyn Viggiano）和先生史蒂芬，在高中就認識了。在芝加哥郊區長大的兩個人，從小住得很近，彼此的親友圈都很熟識。事情發生時，二十一歲的凱琳，和史蒂芬住在加州南端的內陸，距離擔任海軍陸戰隊員的史蒂芬駐紮的亞利桑納州界營地，車程兩小時。對凱琳來說，那段日子過得很辛苦。史蒂芬開始參加新訓時，凱琳決定從護理學校輟學。她先是跟著史蒂芬來到維吉尼亞州，再到這個乾涸的沙漠地帶，幾乎沒有認識的人。

　　就在此時，新婚僅一年的凱琳和史蒂芬，不久前才認識的一個新朋友，突然造訪他們住的公寓。

　　這個人也是海軍陸戰隊員，特地挑了史蒂芬不在家的日子來訪。他故意欺騙凱琳，史蒂芬告訴同袍他不愛凱琳了，打算離開她。年紀輕、內心寂寞脆弱的凱琳相信了他的話。兩人一起喝了幾杯酒，又再喝了幾杯。接著，便發生了凱琳兩年後在世界遺憾調查寫下的事件：

　　我後悔對先生不忠。不論那時我有多脆弱，都不值得換來往後的痛苦。

　　三十五歲的喬爾和三十二歲的克麗絲塔，結婚已經十一年。喬爾‧克萊密克（Joel Klemick）和克麗絲塔都是在加拿大中部的一個中型城市長大，婚後也在那裡養育三名子女。喬爾高中畢業後的第一份工作是地板安裝工人。婚後，夫妻倆開始到當地的基督教宣道會會堂做禮拜，喬爾的職業生涯也很快跟著轉換跑道。他進入神學院專攻神學，並在教會擔任副牧師。

　　某個十月的夜晚，克麗絲塔接到一通匿名電話。對方說，喬爾和一名女子過從甚密。

　　這確有其事。起初，克麗絲塔質問喬爾是否如來電所說，與女性過從甚密，他否認了。克麗絲塔逼問喬爾，他再度否認。她繼續逼問，喬爾終於承認。克麗絲塔便要求他搬出去。沒多久，教會得知喬爾的踰矩行為，理事會決定將他開除。喬爾如此描述心中最深切的懊悔：

　　我因為婚外情失去了誠信、工作、友誼，更差一點失
去了家庭、碩士學位和信仰。

　　道德遺憾是四種深層後悔中，出現比例最少的一種，
在遺憾調查的所有留言中僅占約一〇％。但這些後悔，在
許多人心中感覺最痛、持續時間最長。道德遺憾也比其他
核心遺憾來得複雜。幾乎每個人都同意，奠定穩固的人生
根基是明智的作法，譬如認真念書或是儲蓄。我們多半能
就「勇氣」是什麼取得共識──不安於沉悶工作的現狀，
勇敢大膽地創業；寧願遊歷世界，也不懶洋洋地躺在沙發
上。然而你和我，以及近八十億人類同胞，對「道德」不
會抱持一模一樣的定義。

　　於是，儘管道德遺憾也是站在兩條岔路口，與其他深
層遺憾有著相同的基本架構，所涉及的價值觀範圍卻更為
廣泛。舉例來說，我們可能要在關懷或傷害別人之間選
擇；又或者，選擇要循規蹈矩，或漠視規範；有時候，必
須在效忠或背叛團體之間二選一；選擇要敬重某個人或組
織，或是違抗對方；選擇維護神聖，或者不屑一顧。

　　不論具體情況如何，道德遺憾會發生，代表我們在關
鍵時刻選擇了良知不認同的那條路：傷害人、欺騙耍詐、

背地密謀、違背基本公平原則、違反誓言、蔑視權威、侮辱該尊敬的對象。起初,我們覺得這麼做無所謂,甚至因此而激動、興奮,但過了一段時間,卻因為這個決定內心備受折磨。

被道德遺憾折磨的人會說:**要是我沒做錯就好了。**

道德是什麼?

有時候,我們會因為偶然讀到一本書,徹底改變對世界的看法。強納森・海德特(Jonathan Haidt)二〇一二年出版的《好人總是自以為是》(*The Righteous Mind: Why Good People Are Divided by Politics and Religion*)之於我,就是這樣的一本書。[1]海德特是社會心理學家,目前任職於紐約大學。他的早期學術生涯專門研究道德心理學。他在這本著作中,根據自己和其他學者的研究,剖析人們如何判斷是非對錯。

《好人總是自以為是》讓我認識海德特的基礎研究,顛覆我的兩大認知。

第一,以前我始終相信,人們面臨重大道德議題(死刑是否為正當手段?協助自殺是否合法?),會透過邏輯推導出結論。在思考這些問題時,我們應該會像法官一樣,考量不同的論點、推敲正反兩面、得出合理的判斷。

但海德特的研究指出,完全不是那麼回事。面對道德是非,我們其實會依循內心,立刻做出情緒性的反應,再透過邏輯將直覺判斷合理化。[2]理智並非我所想的,有如身穿黑袍的法官,會做公正無私的判決。理智是直覺的官方發言人,為它的老大辯護。

海德特的著作帶我改變的另一個觀念,與本書關係密切。海德特指出,道德的光譜極為寬廣多元,超乎許多政治傾向中間偏左的世俗西方人理解的範圍。比如說,如果我像海德特、南加大的傑西‧葛拉罕(Jesse Graham)、維吉尼亞大學的布萊恩‧諾賽克(Brian Nosek)所做的一項研究,[3]問你「把別針刺進不認識的小孩子的手心」是不是錯誤的行為。不分自由派、保守派、中間派,所有人都會告訴你那樣不對。怎麼會有人認同傷害一名無辜的孩童?同樣地,如果我問,趁店員不注意從收銀機裡偷錢是否符合道德規範,幾乎每個人都會同意這也是錯誤之舉。無緣無故傷害他人、說謊、欺騙、偷竊,不論背景或信念為何,在這些舉動上,人們對道德標準的看法通常一致。

許多政治保守主義者(先不提許多北美或歐洲地區以外的人)認為,道德不僅止於關懷他人與公平這類善良之舉。譬如,小孩跟父母頂嘴是對的嗎?能不能直呼大人的名字?放棄美國籍、叛逃到古巴是對的嗎?將《聖經》或《古蘭經》丟進垃圾堆是對的嗎?女性墮胎、男男

結婚，或不論性別、擁有多重配偶，是對的嗎？關於這
些問題，來自阿拉巴馬州布朗特郡（Blount County）的浸
信會會堂，和來自加州柏克萊市的神體一位會（Unitarian
church）會堂的信眾，會給你不一樣的答案。不是因為一
個團體比較善良，另一個團體比較邪惡，而是一個團體對
道德的定義比較簡單（不傷害、欺騙他人），另一個團體
對道德的定義，涉及的範圍比較廣（不傷害、欺騙他人，
同時也要忠於團體、聽從尊長的話、維護神聖性）。

　　海德特和同事將此稱為「道德基礎理論」（moral
foundations theory）。[4]他們援引演化生物學、文化心理學
等多個領域，指出道德信念具有五大支柱：

- **關懷／傷害**：人類的小孩比其他動物的子嗣來得
  脆弱，我們會投入大量時間保護小孩。演化在我
  們身上灌輸了關懷的道德觀念。照料保護弱者是
  善良的人，傷害弱者是殘酷的人。
- **公平／欺騙**：人類能有今日的成就，關鍵在互相
  合作，包括演化科學家所謂「互惠利他主義」
  （reciprocal altruism）的交流活動。由此可見，我
  們看重值得信賴的人，鄙視破壞信任的人。
- **忠誠／不忠誠**：影響人類生存的，除了個人行為，
  還有團體的凝聚力。因此，忠於團隊、派別、國家

的人會受尊敬，背棄族群的人常留下罵名。

- **權威／顛覆**：靈長類動物的階級制度，目的在支持團體成員，使其不受侵略者的威脅。破壞階級制度，會置團體成員於險境。當這股演化的驅策力延伸至人類的道德感，崇敬與服從上位者等人格特質便成為美德。[5]

- **純潔／褻瀆神聖**：我們的祖先必須與痲瘋桿菌、結核桿菌等各式病原體奮戰，因此身為後裔的我們發展出避開病原體的能力，並以「行為免疫系統」（behavioral immune system）來防範各種不純潔的事物，譬如失去貞操。有一群學者曾寫道，在道德這個範疇，「純潔問題特別容易引發關於同志婚姻、安樂死、墮胎、色情作品的文化論戰（超越政治意識形態等基本原則與人口組成特徵）。」[6]

　　道德基礎理論沒有主張關懷比純潔重要，或是權威比公平重要，也沒有要求你特別遵守哪一項基本原則，它只是將人類對道德行為的評估方式分門別類。這是描述性原則，並非規範性理論。然而，這套描述力量強大，不僅重塑我對人類的推論方式與現代政治的理解，也是詮釋道德遺憾的絕佳途徑。

後悔五宗罪

　　後悔的五宗罪是：欺騙、不貞、偷竊、背叛、褻瀆。有時候，留言者寫來的道德遺憾，讀來頗像《十誡》教育影片的製片摘要。前文所提的五大支柱，可替我們凝聚焦點，討論這五花八門的道德遺憾。其中兩種情境的道德遺憾出現頻率最高。剩下三種情境中，有兩種道德遺憾的出現次數亦不容小覷。

一、傷害

　　一九二○年代，社會學家羅伯特・林德（Robert Lynd）與海倫・林德（Helen Lynd）展開長期研究計畫，在經典著作《中產城鎮》（*Middletown*）探討美國中產階級者的核心樣貌。他們選擇的中產城鎮是印第安納州的蒙夕市（Muncie），[7]在當時是非常典型的美國小鎮（某種程度上，至今依然如此）。史蒂夫・羅賓森（Steve Robinson）就是在蒙夕市，遇到一般美國小孩的典型童年經歷：霸凌。

　　史蒂夫一家人在他八年級時搬到蒙夕。他身材矮小，個性內向、不善交際。為了彌補這幾個一般人眼中的缺陷，他成了讓人頭痛的孩子，嘲笑同學、挑起爭端。十六歲時，他揍了一個同學，把對方的兩顆門牙都打掉了。

　　如今，四十三歲的史蒂夫對於當年那些無端攻擊旁人的行為深感懊悔。

不論政治傾向為何，我們都同意：在沒有被挑釁的情況下傷人是不對的。難怪在美國人遺憾調查及世界遺憾調查中，與傷害他人有關的道德遺憾多於其他類型。最常見的傷害是霸凌。上百名應答者在數十年後，仍對惡意對待同儕非常後悔。

例如，一名五十二歲紐約男性承認：

我七年級時欺負一名新來的學生。他來自越南，幾乎不會說英文。我簡直太糟糕了！

一名四十三歲的田納西州女性表示：

我國中時嘲笑過一個同學，替他取了「胖吉」的綽號，因為他矮矮胖胖，又留著一頭蓬鬆亂翹的棕髮。我永遠忘不掉他意識到這個綽號將跟著他一輩子的表情。在我自己被霸凌多年後，當我有「權力」去罷凌別人，這是相當殘酷的事，但我馬上就後悔了，沒再重蹈覆轍。

史蒂夫告訴我，在霸凌別人前，他知道「自己不該這麼做」，卻還是做了。他喜歡被人注意，享受掌握權力的感覺，但他清楚這不應該。其實，史蒂夫有時在家裡和學校也會被霸凌。他對我說：「同時是加害者，也是被害者，我瞭解那種感受，卻仍然那樣對待別人，這才是我最後悔的事。」

勇氣遺憾多半涉及未採取行動，道德遺憾則不同，它更常發生在行動過後。不過對某些人來說，光是對霸凌冷眼旁觀，就足以引發悔意，比如金‧卡靈頓（Kim Carrington）。

金八歲時每天搭校車上學，從明尼蘇達州鐵嶺地區（Iron Range）的小鎮，前往大城鎮的一所小學上課。巴士每天也會接另一個住得更偏遠的農家女孩。只要她一上車，其他小孩就會假裝捏住鼻子，彷彿女孩身上散發臭味，同時用一些惡劣的綽號嘲笑她，也不給她位子坐。

有一天，被霸凌的女孩上車時，金挪出自己的位子給她，兩人一路友善地聊天。可是，這個出於善意的舉動卻讓金那一天在學校被霸凌。所以，第二天女孩上車時，金拒絕再讓她坐到旁邊。

現年五十歲、住在堪薩斯城的金說：「我不是一個正直的人，這件事總在午夜夢迴追著我不放。我每次想起來還是想哭。」那個女孩沒多久就不搭巴士了。「我後悔沒有跟她當朋友，沒有為她挺身而出。我做錯了，再也沒有機會彌補這個錯誤。」

不是只有小時候做壞事，才會引來這樣的後悔。應答

156

者也提到攻擊同事、對戀愛對象「死纏爛打」、威脅鄰居。多數的傷害行為涉及不當言語，少數則有肢體暴力的情形。美國人提到的霸凌等行為衍生的悔意，也發生在世界各個角落。

一名五十三歲的英國男性說：

我十八歲時毆打過一個人。往後三十五年，我都無法抬頭挺胸地做人。我是個膽小鬼。

一名五十七歲的南非男性說：

我後悔告訴某位前任女友，我甩掉她的原因是她很胖。三十年後，我還是會在半夜醒來，不敢相信自己造成的傷害。

傷害他人無疑是一種錯誤行為，許多人會設法將心中的悔意轉化為值得他人尊敬的行為。史蒂夫告訴我：「當你回頭看從前的自己，你會滿心羞愧。長大成人後，我努力成為一個更好的人。」高中畢業，他繼續求學，拿到了心理學、護理學和刑事司法的學位，後來成為兒科護理師及偏差兒少輔導師。他說：「過去我對別人很糟，現在我希望多做好事。現在的我努力帶給別人安全感，對此，我內心有一部分深感驕傲。」

二、欺騙

　　本章開頭提到凱琳和喬爾的故事。那不是世界遺憾調查中唯一一則提及對伴侶不忠的留言。傷害他人（尤其是霸凌行為）是最普遍的後悔事項。欺騙衍生的後悔（尤其是外遇）則緊追在後。大部分的文化在這一點皆有共識：人應該說實話，遵守承諾，照訂好的規矩行事。

　　有少數幾個例子是，留言者承認騙取物品。一名十六歲的加州留言者後悔「從盒子偷錢」。一名五十一歲的羅馬尼亞留言者寫道：「我偷了軍中同袍的口琴，我很羞愧。」

　　在學校作弊、心生後悔的人數儘管不多，但橫跨的年齡相當廣泛。一名二十二歲維吉尼亞州女性說：「我後悔在學校作弊。」一名六十八歲紐澤西州男性也寫道：「我後悔大一時……幫人在微積分考試作弊。我還沒想出怎麼糾正那個錯誤。」

　　不過，排名第一的是對婚姻不忠。來自六大洲、數十國的留言者，紛紛提到婚後出軌。

　　一名五十歲女性說：

　　我有婚外情，這是我這輩子最大的錯誤。現在我一直活在對不起先生的痛苦之中。我沒有誠實告訴他我有多不開心，而是決定做出愚蠢至極的事。我不確定我還能不能原諒自己。

一名五十歲男性說：

我後悔拋棄了自己秉持的信念和我擁有的力量，對太太不忠。我每一天都感到後悔。

一名五十五歲女性說：

我對先生不忠。他是非常和善的一個人，用心愛著自己的家庭。我真的不曉得自己怎麼會這樣。我很愛他。我是育有四名子女的年輕媽媽。我們一家人感情很好——我們一起笑鬧、共度快樂時光，實在沒什麼需要擔心的事，我卻依然做了那件事。

欺騙伴隨傷害。不貞的行為傷害遭背叛的另一半。但是讓應答者最後悔的，似乎不只是他們加諸的傷害，而是親手摧毀的信任感。凱琳對我說：「我們有過誓約，是我背叛了他。」喬爾說：「我破壞了對妻子許下的誓約，我不再是個正直的人。」

　　喬瑟琳・厄普蕭（Jocelyn Upshaw，依對方要求所取的化名）在德州大學工作。她感覺婚姻觸礁時，和同事展開九個月的婚外情。最後她選擇告訴先生，兩人一起去做婚姻諮商。這段婚姻最後保住了，但裂痕始終糾纏著她。

　　她告訴我：「我和老公互相許下了諾言，我沒遵守。老公信任我，我卻讓他失望。如果你想當個好人，要知道說謊和欺騙是『禁忌』清單上的大魔王。」

　　凱琳、喬爾、喬瑟琳在事後努力改變，即使無法糾正錯誤，也想辦法讓情況好轉。凱琳隔天早上向老公坦承自己行為不檢點。她告訴我：「我一輩子不敢偷取東西，不敢在考試作弊，所以事發後，我沒辦法隱瞞。」她的先生從頭到尾都很冷靜，兩人一起重建信任感。凱琳說：「他是世界上最棒的人。」

　　喬爾的故事就沒那麼順遂了。後來，他和另外那名女子生了一個孩子。但他說自己永遠擺脫不掉「沉重的責任感」，「上帝告誡的『不可姦淫』始終盤旋在我心頭。」後來他跟太太和好，兩人搬了家，到加拿大另一個地區的教會工作。他告訴我：「我很清楚自己曾經背叛太太，這非常難以啟齒。從此我更瞭解什麼是信任和可靠，因為我有過不被信任的經驗。」

　　不信教的喬瑟琳則說，悔意讓她更有同理心。「事情發生前，我自詡為正直的人。我是個乖小孩，從來沒做錯

事,卻鑄下**大錯**。我從這件事認知到,人都會犯錯。」她
說自己年輕時習慣將人區分為好人和壞人。「過了好久,
我才知道不是那樣。」

三、不忠誠

一九八一年,查理·麥卡洛(Charlie McCullough)
從馬里蘭大學機械工程系畢業時,曾考慮報名加入武裝部
隊。他很欣賞軍隊的效忠精神和人們在軍中培養的同袍情
誼。然而,可賺更多錢的工作對他招手時,他選擇到私
人企業上班。他告訴我:「志願服務他人的人,尤其是軍
人,對國家有一份深切的愛。我後悔沒加入他們。」

對團體忠誠是一種核心道德價值觀。有一些政治與民
族文化特別看重這份忠誠。或許因為這樣,違背這類道德
原則所產生的遺憾,不像傷害或欺騙衍生的憾事那麼多。

此外,這份遺憾較少發生在退出團體時,而是跟未履
行團體義務有關。例如,美國一九七三年起廢除徵兵制,
不再強制國民服兵役。有許多美國的應答者,寫下與查理
類似的意見。

一名密西根州的四十四歲女性表示最深切的懊悔是:

沒有加入軍隊,成為空軍。

一名新罕布夏州的五十八歲男性後悔：

沒有在念大學前或大學畢業後從軍報效國家。我是家中唯一沒有從軍的人。現在回頭看，我真希望能夠從軍。

一名威斯康辛州的五十三歲女性說：

我後悔沒有入伍從軍……報效國家，任何地點、職務都好。參加志願軍或和平工作團，都是意義非凡。

就如海德特在《好人總是自以為是》所寫的，忠誠的道德原則可以幫助團體凝聚向心力、形成聯盟。讓我們看出「誰有團隊合作精神、誰是背叛者，尤其是所屬團體與其他團體對抗之際」。[8]

我有一點失望，遺憾調查計畫中，竟然沒有現代版的班尼迪克‧阿諾（Benedict Arnold）*或猶大。事實上，查理最後在一間為軍隊供應設備的國防工業承包商工作。只不過，光是在周邊產業工作還不夠，他後悔未能「真正吃苦受訓，做出犧牲」，後悔不曾體驗將生命交託他人，以及肩負他人的性命。他告訴我：「當你服務他人，代表

*譯註：美國獨立戰爭時期具爭議性的軍官，本來為革命派作戰，後來變節效力英國。

你不是為了自己。犧牲雖然是一種利他行為,但犧牲也能提升自己的靈魂層次。」

四、顛覆

　　違背權威／顛覆原則是發生次數最少的道德遺憾。有少數人後悔「讓父母丟臉」以及「對師長無禮」,如這名二十四歲印度男性所述:

　　我和父親經營一間商店。有一次,教過我的老師來店裡買東西。老師認識我和父親,但父親不曉得他是教過我的老師。我們都會給熟人一點折扣,老師當然也是所謂的自己人。我以為父親認識老師,就沒有說明那是我的老師。最後老師付了全額,他並不在意這件事,可是他離開後,父親怪我怎麼沒告訴他那位是學校老師。我們沒有用折扣來表達尊敬和謝意,實在太令人羞愧,對老師真是不敬。只要想起這件往事,我就後悔得不得了。

　　這類留言相對來說非常少見。這個類別的道德遺憾較貧乏的原因之一是,我的量化分析樣本只有美國人,而且質化分析的對象也以美國應答者居多。如果我在其他明顯重視服從的文化或國家做更大規模的採樣,這個類型的遺憾或許會更多。

五、褻瀆神聖

後悔污辱聖潔的例子，比顛覆權威來得多。這類後悔夾帶著強烈情緒，尤其是牽涉這六十年來吵翻天的「墮胎」議題時。

美國人大致上對墮胎的合法性具有共識，在道德見解上卻落差極大。蓋洛普民調指出，約四分之三的美國人相信，至少在某些情境下，應該要讓墮胎合法。但四七％的人相信，這麼做有「道德瑕疵」，四四％的人則相信，這麼做「合乎道德規範」。[9]這個差距在我的調查結果中清楚可見。

後悔墮胎的例子，不如後悔霸凌或不貞普遍，但也相當常見。一名阿肯色州的五十歲女性說：

我二十歲時墮過一次胎。那是我人生中最懊悔的事。第二懊悔的是二十五歲又墮了一次胎。

這些遺憾部分衍生自對他人的傷害，但不僅止於此，它涉及的信念是某些舉動會侵損生命本身的神聖性。

舉例來說，一名賓州的六十歲女性描述：

我後悔墮胎，打掉我和先生的第三個孩子。我們結婚三十四年了。第二胎我懷得很辛苦，老公不希望我在老二出生不到一年，又經歷一次懷孕的辛苦。我認為他這麼想〔也〕是因為生老三的經濟壓力……。我一路哭到診所，我每一天都好傷心……。每一天，我時時刻刻都在承受結束一個生命的負擔，那也是因愛而生的生命。

一名五十八歲的波多黎各女性後悔：

墮過一次胎；在天堂遇見時，我要向他／她道歉。

一百多年前，法國社會學家艾彌爾‧涂爾幹（Émile Durkheim）寫道，宗教思維（我認為還包括許多信念體系）的特色在於，「將世界分成兩邊：一邊是各種神聖的人事物，一邊則是褻瀆神聖的。」[10]這兩邊該如何分界，人們不會每次都達成共識。不過當你為了褻瀆神聖的那一邊，背棄了神聖的一邊，後悔就會找上你。

道德遺憾是罕見的一類遺憾，數量最少，變化最豐富——每個人所感受的痛苦都不一樣。但是它最能讓人群奮發向上。當成年男女在午夜夢迴後悔嘆息，數十年前傷害他人，做出不公之舉，違背群體價值觀，這件事深具鼓舞作用，代表想要成為好人的渴望烙印在我們的DNA之中，埋藏在靈魂深處。

　　所有屬於深層結構的後悔都顯示一種需求，也為人們上了寶貴的一課。道德遺憾揭示的人類需求是良善。那寶貴的一課，我們在宗教著作、哲學小品、父母告誡的話語中都曾聽過，也就是：面對有疑慮的情況，選擇做對的事就對了。

「我養過一隻寵物兔子。因為我不小心讓牠溜出籠子，牠吃下太多飼料包裝袋的塑膠而去世。」

女性，三十八歲，中國

//

「我後悔沒有行動──沒有邀喜歡的女生出去，沒有早一點創業，沒有要求在會議上發言。比起曾經犯的錯，我更懊悔自己的無所作為。」

男性，四十三歲，加拿大

//

「我後悔沒在祖母臨終前，把她特別想吃的糖果帶給她。」

男性，三十五歲，阿肯色州

10

人際遺憾

　　讓我告訴你一則關於四個女人、兩段友誼、兩扇門的故事，幫助你瞭解何謂人際遺憾。

　　第一個女人名叫雪柔‧強森（Cheryl Johnson）。她在愛荷華州狄蒙因市（Des Moines）出生長大，目前住在明尼蘇達州的明尼亞波里斯市。現年五十歲出頭的雪柔，之前在出版品公司擔任研發主管。而今，她把時間都花在先生、健身房和最近展開的計畫：自建房屋和寫書。

　　一九八〇年代末，雪柔在家鄉狄蒙因市的德雷克大學（Drake University）讀書，與故事中的第二個女人簡恩一見如故，成為摯友。

　　雪柔和簡恩參加同一個姐妹會，和另外四十名左右的女性住在一起。[1]行事作風認真又懷抱野心的兩人在團體中鶴立雞群。雪柔當上姐妹會的會長，簡恩則當上學生會長。簡恩告訴我：「我們比一般大學生更認真看待大學生涯，讓我們成為大家眼中的怪人。我們會走在一起，有一部分原因是我們自覺是社交邊緣人。」

　　兩人無話不談，支持彼此追求熱情、實踐抱負，同時懷抱征服世界的雄心壯志。

　　一九九〇年大學畢業沒多久，簡恩結婚，邀請雪柔當伴娘。之後簡恩搬到維吉尼亞州，邀請雪柔到新家參觀。簡恩說，想介紹老公的朋友給雪柔認識，她覺得兩人會是天造地設的一對。

　　雪柔大吃一驚。那時，她跟同樣就讀德雷克大學的男友已經交往兩年了。她說：「我已經認定他了。」簡恩也知道這號人物，但雪柔說，她「顯然不認同這段感情」。雪柔婉拒了簡恩的邀約，只是兩人沒有把場面弄僵，也沒有鬧情緒。

　　接下來幾年，雪柔和簡恩分居兩地。在那個電子郵件還不盛行的年代，她們靠著寫信和寄卡片來維繫感情。雪柔後來甩了當年那個男友。她描述那只是一場「爛桃花」，還說：「現在的我終於成熟了，可以瞭解簡恩當年的想法。」

又過了幾年，兩人的通信逐漸減少，後來停止了書信往來，雪柔足足有二十五年沒跟簡恩講話。簡恩的婚禮是她們倆最後一次見面。

雪柔告訴我：「我們沒有發生任何爭執。我就這樣讓兩人的友情漸漸淡掉。我很後悔人生少了這段友誼。我錯失一個能在人生中一起分享歷年成長的人。」

這段空缺困擾著雪柔。我問她：「假如妳一個月內就會死去，有沒有什麼未了的心願？」她說：「我會希望簡恩知道，在二十五年之後，〔這段友誼〕對我而言依然重要。」

某個春日午後，我在Zoom聊天室問雪柔，有沒有想過要和簡恩重修舊好，或者至少撥個電話、寄封電子郵件，或是寫信給簡恩。

她回答：「我想，這扇門始終開著。要不是我缺乏勇氣，早就主動聯絡她了。」

人際遺憾是深層結構的悔恨中，占比最高的一類。源自不了了之或未能圓滿的人際關係。配偶、伴侶、父母、子女、手足、朋友、同事……，能引起這類遺憾的人際關係有千百種。有些人際關係磨耗於無形，有些人際關係應聲斷裂，人與人之間，不合的理由也有千百種。而某些人際關係，則是從一開始就搭錯了線。

但不論哪一種，後悔事件都有一段相同的情節。也就是一段完好（或應該完好）的人際關係再也回不去了。有時人們對此無能為力（常因死亡之故）。然而，扮演各種身分的我們——女兒、叔叔、姐妹會朋友，大多數時候，都渴望圓滿一段關係。只不過此時必須付出心力，可能招來情緒上的動盪未知，以及承擔被拒絕的風險。於是我們面臨一項抉擇：該嘗試讓關係圓滿，抑或讓它留下缺憾？

懷抱人際遺憾的人說：**要是我主動出擊就好了。**

關起與敞開的門

故事中的第三個女人是居住在加州帕莎蒂納市（Pasadena）的艾美·納布勒（Amy Knobler）。艾美在紐澤西州櫻桃山市（Cherry Hill）長大，國中時期認識了故事中的另一個女孩。我暫且叫她「狄帕」。

狄帕的家就在學校附近幾個街區。她是鑰匙兒童，父母總是工作忙碌。放學後，艾美都會到狄帕家玩。兩人在只有她們的屋子裡，自由自在地建立友情。在艾美的回憶裡，那些午後是她人生中最快樂的時光。她告訴我：「交到知己就是這麼一回事。」

艾美和狄帕的好交情一路維持到高中。高中畢業後，即使上了大學、踏入職場、組成家庭，她們也都保持聯

絡。一九九八年，狄帕參加艾美的婚禮。兩家人感情好到
二〇〇〇年狄帕結婚，連艾美的父母親都參加了婚禮。當
時艾美將狄帕最愛吃的菜餚作法收錄成冊，用心做成一本
手工食譜書，送她當結婚賀禮。艾美說：「妳知道嗎？童
年時期交的好朋友最珍貴了。」

　　二〇〇五年，狄帕的先生通知太太的好友們，狄帕診
斷出罹患一種很凶猛的癌症。狄帕就像許多生病的人，總
在嚇人之後，又傳出令人寬慰的好消息。她的癌症病情緩
解，還生了寶寶。但是二〇〇八年夏天，狄帕的癌症復發
了，情況並不樂觀。她當時的生活起居沒有問題，親友可
以在臉書上看見她的動態更新，只是狄帕或許只剩下一年
的壽命可活了。

　　艾美那時曾想撥通電話聯絡老友。

　　但她遲遲沒撥。

　　二〇〇八年十二月某天深夜，艾美收到共同朋友傳來
的訊息，得知狄帕的病情急轉直下。

　　隔天，艾美打電話到狄帕在紐澤西州的住宅，想跟她
講講話。接電話的人說，狄帕當天稍早已經離世。

　　艾美說：「我永遠不會忘記那一刻，我深切體會到自
己永遠錯失了那個機會。我總是忍不住想：她離世前會不
會覺得很奇怪，我怎麼沒打電話給她？這個問題將永遠在
我心中迴盪，我發誓再也不能讓那種事情發生。」

　　人們經常用門扉來形容心中的後悔。艾美說這份悔意是一扇「關起的門」。她告訴我，她再也沒有機會修復與狄帕的友誼。雪柔則是面對一扇「敞開的門」。她還擁有與大學老友重新搭上線的機會。

　　這兩種後悔糾纏著我們，理由各自不同。關起的門讓我們痛苦不堪，原因在於我們對遺憾束手無策；敞開的門之所以會帶來煩惱，則是因為我們雖能採取行動，實行起來卻不容易。

　　世界遺憾調查的許多應答者表示，關起的門伴隨著一份失落。

　　一名五十一歲加州男性，七歲時父母離異，之後便與父親產生隔閡。他每兩週都會到父親家中過週末，可是兩人的「關係變得很淡……無法深入交談，也無法真心理解彼此」。上國中後，他不再每兩週找父親一次。二十歲前後，他曾試著與父親重建感情。只可惜……

　　我們始終無法交心……。他十七年前去世了，我不曾和他像男人一樣喝啤酒，想到就覺得遺憾。

　　一名五十四歲的女性分享：

　　我後悔沒對媽媽好一點。年輕時，我將她的存在視為理所當然，覺得自己比她聰明多了（典型的青春期小孩）。長大後，我們會因為政治話題爭論，兩個人都堅持己見，互不相讓。現在她不在了，我真的好想念她，想到有時都不能呼吸了。我實在不是個好女兒。我會看著自己的女兒們，祈禱她們對我好一點，不要像我對我媽那樣差勁，儘管我不確定自己是否值得她們這麼做。

關起的門，對許多人來說是一句未說出口的話。下面這名哥倫比亞特區的四十五歲女性即是如此：

我哥哥在四十一歲時突然走了。我後悔沒有經常對他說：「我愛你。」

不少人則是跟這名四十四歲愛荷華州女性一樣，有著類似的遺憾：

我後悔沒去參加大學升學顧問兼良師益友的喪禮。當時我的小孩才幾週大，又逢天候不佳的冬季，我要開三小時的車才能到達喪禮舉辦地點。我寫的這些都是藉口，就像當年我在決定的過程中，用這樣的藉口一遍又一遍告訴自己。我試著說服自己這是正確的決定……。用理由說服自己、感覺後悔，再說服，又後悔，再說服，再後悔；只

175

要想起這十五年前的往事，悔恨就像乒乓球，在我腦海裡來來回回，無法停止。

　　二〇一二年，麥克・莫里森、凱・艾普斯圖和尼爾・羅斯在研究中下結論：與社交關係有關的後悔，比其他類型的後悔感覺更深刻，原因是這類後悔威脅到心中的歸屬感。人際連結出現裂痕或斷裂會使我們痛苦難受。若錯在自己，更是痛苦不堪。他們寫道：「對歸屬的需求不僅是人類的基本行為動機，也是組成後悔的基本要素。」[2]

　　關起大門的後悔惹人煩惱，因為木已成舟，你再也無法彌補缺憾。但這扇無法推動的門後面藏著一項好處：我們可以學到如何藉由後悔提升自己。

　　狄帕過世幾年後，艾美得知另一名兒時玩伴也被診斷出癌症。她說：「我反覆回顧〔與狄帕的〕那段經歷，我知道不論有多困難，這次一定要付出並參與。」

　　艾美時不時會撥電話聯絡這名朋友，去探望她。兩人也會互寄電子郵件並傳訊息。「我盡一切可能讓她瞭解我心裡惦記著她。只要能陪在她身邊，我會盡量陪著，並用心瞭解她的實際狀況。」

　　這位朋友在二〇一五年去世了。艾美告訴我：「我和她一直保持著聯絡，直到她臨終前都沒有間斷。這麼做不會讓朋友離世變得好受，但我了無遺憾。」

裂痕與漸行漸遠

雪柔和簡恩不曾吵架，連小口角都沒有。她們沒有聊過友誼為何中斷，感情就這樣漸漸淡了。

在遺憾調查表示自己有人際遺憾的留言者有好幾千人，但具體而言，這些人際關係的終結方式只有兩種：產生裂痕，或漸行漸遠。

裂痕通常有一條導火線，從辱罵、揭瘡疤、背叛事件，演變成高聲爭執、惡意威脅、丟碗砸盤，以及電視連續劇和愛德華・艾爾比（Edward Albee）*劇作中會出現的主要情節。裂痕使人互相憎恨敵視，然而在旁人眼裡，當事人心中耿耿於懷的怨氣，或許只是可以輕易補正的小事罷了。

例如，一名七十一歲加拿大男性的遺憾是：

某年聖誕節，我和兒子對他五歲兒子（我孫子）的行為看法不一致，雖然只吵了一下，卻吵得很凶。這場風波演變成歷時將近五年的家庭失和。自從那次以後，我們再也沒有交談或以任何形式溝通。

---

*譯註：生於一九二八年，卒於二〇一六年，美國荒誕劇大師，知名劇作包括《動物園的故事》（The Zoo Story）、《誰怕吳爾芙》（Who's Afraid of Virginia Woolf?）。

一名六十六歲德州女性寫道：

我們本來以為媳婦想住在我們附近，結果發現，媳婦和兒子打算搬回媳婦澳洲的家。我很後悔自己做出負面的反應。現在他們兩個移居了，也和我們疏遠了。

而關係漸行漸遠的人，事件過程描述得比較含糊，通常缺少明確的開端、過程或結尾，幾乎可說是發生於無形。雙方關係本來不錯，但是某天猛一抬頭，交情已不復存在。

一名賓州女性後悔：

沒花時間在人際關係上，做一個更稱職的朋友、姊妹和女兒。我就這樣讓時間從指縫間流逝，轉眼間意識到我竟然四十八歲了。

一名四十一歲的柬埔寨男性寫道：

我後悔沒和好朋友保持聯絡，友情就這樣無疾而終。

許多人事後回顧才意識到與他人日漸疏離。一名六十二歲賓州男性說：

真希望我以前用心經營人際關係，和同事培養好交情。我在同一個地方工作超過三十年，卻不曉得同事之中是否有所謂的好朋友。

　　裂痕會引發戲劇性的結果，但漸行漸遠更常發生。

　　漸行漸遠的關係，也比較難以修補。

　　裂痕所引發的情緒，諸如憤怒和嫉妒，我們比較熟悉，也比較容易識別和理解。當關係漸行漸遠，牽涉的則是更微妙、看似較不合理的情緒。根據上百名有人際遺憾的應答者描述，首先浮現的情緒是：尷尬。

　　雪柔思忖是否重新聯絡老友時，在心中自問：「不聯絡，會不會對簡恩比較好，突然收到我的問候，她會不會覺得有點突兀？」擔心自己的舉動太唐突的念頭，每次都勝過想要聯絡對方的心。她擔心二十五年沒聯絡，「主動聯絡對方會很怪。」她擔心若是真的主動聯絡，可能會讓朋友「覺得不合宜」。

　　當年艾美也因為一樣的理由，遲遲未撥打電話給狄帕。她解釋：「難道要說：『喂，我好多年沒主動關心妳了，聽說妳將不久於世，才打這通電話！』太尷尬了。我知道打電話給她會很奇怪，真希望那時我不害怕面對這難為情的感覺。」

　　如果艾美能面對那些情緒，事情發展可能會出乎她的意料，甚至有個圓滿的結局。人類是很厲害的生物，我們會開飛機、創作歌劇、烤司康，卻普遍拙於推敲他人的想法與預測他人的行動。更糟糕的是，我們並不曉得自己在這方面的能力有多差。[3]說到正確感知及預估尷尬感，那更是笨拙了。

二〇一四年，社會心理學家尼可拉斯・艾普利（Nicholas Epley）和茉莉安娜・施羅德（Juliana Schroeder）在一項研究中，徵求芝加哥地區的火車與公車通勤者參與實驗，並要求部分受試者去找陌生人攀談。受試者預期，這麼做自己會不自在，而被攀談的對象會比他們更加尷尬。結果兩項都猜錯了。主動攀談的人發現，事情比他們想得容易。他們比孤單通勤的控制組更享受這段通勤路程，被攀談的陌生人也沒有拒絕，雙方都很享受聊天過程。

艾普利和施羅德寫道：「人們誤解社交連結的後續結果。」[4]通勤者擔心主動與人交談，對方不管是誰，都會覺得不自在，結果這樣的擔心是多餘的，一點也不尷尬。

二〇二〇年，賓州大學的愛芮卡・布斯比（Erica Boothby）和康乃爾大學的凡妮莎・博恩斯（Vanessa Bohns）在研究中檢視一個相關現象：我們對於讚美他人表現得過於拘謹。布斯比和博恩斯發現，人們會因為想到讚美人的結果，有一點疑慮就裹足不前。大家擔心「自己表現尷尬，暴露許多缺點、做出許多失禮行為，會被人注意，受到批評」。實驗結果卻證明，人們對自己和他人的預測錯得離譜。他們大大**高估**了被稱讚者對「受打擾、不自在、煩躁不悅」的感受度，並且**低估**對方的正面回應。[5]他們一點也不尷尬。

這就是社會心理學家所說的「多數無知」（pluralistic ignorance）。我們誤以為旁人抱持的信念與我們大相逕庭，尤其是個人想法似乎與大眾的普遍作法相左之時。於是，當我們聽不懂老師的授課內容，也不會提出疑問，我們誤信無人提問代表**別人**都聽得懂，而我們不想讓自己看起來很笨。我們不會去想，別人其實也有可能聽得一頭霧水，也和我們一樣對出糗感到緊張。我們如墜五里霧，卻無所作為，因為我們以為只有自己不懂！又如，調查指出飲酒過量的大學生少之又少，但學生們都以為自己是特例，而其他同學經常喝得爛醉如泥，竟然因此變相加強喝到醉的社交文化，其實只有少數人真正認同這種作法。[6]

我們擔心再次聯絡某個漸行漸遠的朋友會很尷尬，正是這種情況。我們也經常假設自己的偏好與眾不同。當雪柔在我們的對話中斷言，簡恩不會想要和她重拾友誼，而且簡恩會認為雪柔和她聯絡有一點突兀，我要雪柔試著反過來想一想。

假如是簡恩主動聯絡她呢？感覺如何？

她告訴我：「如果我今天收到她傳來的訊息，天啊，我會激動大哭。聽到她捎來的消息、得知她多年後心中仍惦記我們的友情，會是改變我一生的大事。」

「幸福即愛，無他。」

哈佛醫學院成人發展研究（Study of Adult Development）曾以一群人為對象，進行歷時超長的一生幸福感研究計畫。這項計畫，又因其中一位研究設計者的名字，而得名「格蘭特研究」（Grant Study）。你或許聽過這項研究。一九三八年，哈佛大學研究人員募集兩百六十八名男性大學生，追蹤長達八十年的時間。這項研究花的時間及其細膩程度都相當驚人。研究人員測量這些男性的智商，分析他們的字跡、檢查他們的額頭和睪丸，抽血、照腦電波圖，並計算他們一生的收入。野心勃勃的研究人員希望探知，為何有人在職場及人生版圖大展拳腳，有人卻跌跌撞撞。

儘管格蘭特研究的對象清一色是白人男性，樣本明顯受到了局限，這卻是心理科學史上極為重要的一項長期研究計畫。研究人員在後期甚至將這些男性的子女和配偶納入。一九七〇年代則加入四百五十六名波士頓勞工階級，豐富研究對象的社會經濟多元性。這一整套研究計畫得出

的結論，普遍被認為嚴謹認真、深具啟發性，應該適用於
全人類。

二〇一七年《哈佛校刊》（*Harvard Gazette*）摘述：

親暱的人際關係，比金錢或名氣更能讓人在生活中保
有快樂的心……。這些關係讓我們免於對人生不滿，有助
延緩身心退化，比社會階級、智商，甚至基因，更能預測
一個人是否長壽和活得快樂。研究發現，不論是哈佛大學
的男性校友，或是居住於貧民區的受試對象，都符合這項
結論。[7]

童年時期與父母感情好的男性，成年後的收入，高於
親子關係緊張的人。而且他們生活比較開心，老年時罹患
失智症的機率較低。婚姻關係牢固的人，一生當中承受的
生理痛苦或情緒不安較少。比起膽固醇高低，一個人是否
結交好朋友，更能準確預測此人將來是否能健康地老化。
社會支持及和社群的連結可杜絕疾病與憂鬱。此外，孤獨
以及與人脫節有時甚至會要人命。

目前主持格蘭特研究計畫的精神科醫師羅伯特・沃丁
納（Robert Waldinger），曾在二〇一七年對一位記者敘
述計畫的重要洞見：「照顧好你的身體很重要，但用心經
營人際關係也是自我照顧的一環。我認為這是我們從中獲

得的啟發。」[8]

世界遺憾調查中，許多人似乎秉持與格蘭特研究相似的結論。以下面這名五十七歲加州女性為例：

我後悔沒在繼女年紀還小的時候多抱抱她。我不想讓她以為我要取代她的母親，所以我沒意識到她內心對母愛的渴望。

又如這名六十二歲俄亥俄州女性所說：

雖然中間相差一年，但父母都是在我家度過他們臨終最後一段日子。我非常後悔自己沒在他們生命走到盡頭前，多花時間，牽起他們的手，細數他們帶給我的美好時光。我們不是那種經常擁抱、流淚或親吻彼此的家庭，我不曉得自己有必要為了他們或為了我自己，去做這些事。

或如這名七十一歲的佛羅里達州居民所寫：

我的女兒十四歲時以跨性別人士的身分出櫃，當時的我無法理解，也沒有好好應對，讓自己唯一的孩子和世上最愛的人承受極大的痛苦。現在情況已經好轉，我是最支持她的人，但我永遠無法原諒自己沒在她最需要的時候當個稱職的家長。

　　世界遺憾調查發現（或未發現）一件與為人父母相關
的事。儘管有數百名應答者提及後悔嫁娶對象錯誤，或是
對選擇的伴侶失望，然而在一萬六千多名應答者中，卻僅
僅不到二十人後悔生小孩。[9]行為科學與大眾文化，在某
種意義上，都過度聚焦於男女情愛，不太著墨其他類型的
家庭關係。事實上，二〇二〇年，有來自二十多國、超過
四十名的學者組成團隊，分析全球二十七個不同社會的資
料，得出以下結論：儘管學術圈充斥各種針對尋找另一半
的研究論文，實際上，全世界的人都「將良好的家庭關係
視為比尋覓伴侶更重要的目標」。[10]比起戀愛，家人間的
長期關係產生的幸福感更強烈，也更持久，而且不利因子
較少。若能深入研究，將擴大我們對人際關係的理解。

　　同樣也是哈佛精神科醫師的喬治・魏倫特（George
Vaillant），曾主持格蘭特研究三十餘載。他在二〇一二
年一份未出版的手稿中，深思這項實驗帶給他的啟發。歷
經八十年，經手數百名實驗對象，進行數千次訪談，處理
數百萬筆資料點，他說，這項史上歷時最久的人類幸福實
驗，可用一句話總結：「幸福即愛，無他。」[11]

　　到頭來，人們必須解決的問題其實非常簡單。你是否
感覺人生有意義並對其滿足，關鍵在是否建立有意義的人

際關係。當人與人之間的感情，有意或無意間被阻斷，尷尬感經常會對人際關係的修補形成阻礙。我們怕自己拙於重建雙方關係，令對方更不自在，但這些擔憂經常是多餘的。沒錯，你有時候會用熱臉去貼別人的冷屁股，但事實上，更多的情況是（而且比例**高得多**），我們高估了自己會感覺到的尷尬，卻低估對方樂見我們主動示好的程度。

可知這簡單的問題，解決辦法也非常簡單，那就是，甩開尷尬。

艾美這樣看待她那關起門的遺憾：她希望回到過去，悄悄給從前的自己一點建議。她會向年輕的艾美保證：「就算很尷尬，超級不自在又可怕，但換個角度看，你會很高興有這段尷尬的經歷，原因不只是它能消除你心中的疑問，也在於對方將有不同的感受。」

在雪柔這邊，當她仔細思考與簡恩之間那扇敞開的門，即便（至少目前）她認為自己還不會行動，但直覺告訴她：「寧可冒著尷尬去找對方，也不要躲起來，才是明智的選擇。就算尷尬也會挺過去，最終看見事情好轉。躲起來，你就永遠失去一段友誼了。」

所有屬於深層結構的後悔都顯示出一種需求，也提供人們寶貴的一課。人際遺憾揭示的人類需求是愛。不限於情人間的愛戀，而是各式各樣的愛，包括孺慕之情、忠誠敬獻或是對群體的愛，對象包括則父母、小孩、兄弟姊妹和朋友。

　　關起門的遺憾告訴人們，下一次要做得更好；敞開門的遺憾則讓人理解，要即刻起而行。若你在乎的人際關係並不完滿，那就撥通電話、拜訪對方、說出你心中的感受。突破尷尬感，主動出擊！

「我最大的遺憾是，舉凡升學、人際關係、度假安排，到家裡吃的食物，我在人生的每一刻，都沒有果敢地滿足自己的需求與願望。」

五十一歲，男性，紐澤西州

//

「我希望自己多種了幾棵樹。」

五十七歲，男性，英國

//

「我後悔長期在社群媒體上大秀自己的生活。我經常過度分享私生活，現在的我覺得自己太過沉溺在『網路世界』了。」

二十七歲，女性，華盛頓州

把握機會，履行義務

　　二十世紀前，不是每個人的口袋裡都有一支手機，也不是每支手機都有照相鏡頭；想要照張相片，不但過程複雜，成本也比較高。年輕人啊，請靠過來，讓我好好解釋一番。

　　過去那個年代，攝影師照相要使用底片。他們按下按鈕將快門打開，當下這一刻的光線便進入相機，而光線與底片的化學物質產生作用，將影像留在底片上。

　　這個動作會製造出一個有點奇怪的東西。攝影師將底片從相機取出後會看見，被光線照亮的區域呈現暗色，而無光的暗部則呈現亮色。這叫「負片效果」，是相片生成的其中一個環節。接著攝影師再用紙張,將負片的影像沖印出來。此時,亮部與暗部反轉,重現影像的原始色調。

後悔的運作方式與此非常相似。四種核心遺憾就像美好人生的負片。只要瞭解人們心中最深刻的**遺憾**,就能透過反轉影像,看出他們最**在乎**的是什麼。

那麼,人們想要跟需要的究竟是什麼?

後悔的深層結構裡有我們想要的答案。請見下表:

後悔的深層結構		
	人們怎麼說?	所顯示的人類需求?
根基遺憾	要是我曾付出努力就好了。	穩定感
勇氣遺憾	要是當初冒個險就好了。	成長
道德遺憾	要是我沒做錯就好了。	良善
人際遺憾	要是我主動出擊就好了。	愛

我們追求一定程度的穩定感:奠定相當牢固的物質與身心康樂基礎。

我們希望在有限的時間內探索世界並成長:嘗試新事物,大膽突破。

我們嚮往做對的事:實際成為且在他人眼中做個有道德操守的人。

我們渴望與他人建立關係:用愛串起友誼和親情。

我們需要的是扎實的根基、一點點的大膽、基本的道德規範，以及具有意義的人際關係。負面情緒「後悔」向我們揭示了正向的生活方式。

可以和應該

每一回照鏡子，你都會看見一個人。不過用一點心、瞇起眼睛，再仔細瞧一瞧，你或許會發現鏡子裡有「三個**我**」。

這是哥倫比亞大學社會心理學家托瑞·希金斯（Tory Higgins）一九八七年率先提出的動機理論（theory of motivation）的核心概念。希金斯認為，每個人都擁有「真實我」（actual self）、「理想我」（ideal self）和「應該我」（ought self）。

真實我由當下的許多人格特質所組成。理想我是我們相信自己**可以**成為的我，含括希望、願望與夢想。應該我則是我們相信自己**應該**成為的我，含括應盡的本分、承諾與責任。[1]

希金斯指出，是這三種我之間的落差，促成我們的行為，指引我們追尋各項目標。舉例而言，假如在我的理想中，我是個身體健康、體態結實的人，但真實的我心態懶散、體重過重，兩者間的落差可能會促使我開始運動。假如我的應該我認為，人應該要關心上了年紀的親戚，但實

際上，真實的我已經六個月沒去探望祖母，我可能會因此
提早下班，真的到祖母家看看她。要是沒有付諸行動，導
致真實我與理想我或應該我之間長期不一致，落差就會被
令人難受的情緒淹沒。

　　二〇一八年，社會研究新學院（New School for Social
Research）的賽伊‧戴維達（Shai Davidai）和跨足多項研
究的湯瑪斯‧吉洛維奇，曾援引希金斯的理論來分析後
悔。吉洛維奇曾在先前的研究指出，長期而言，人們因不
作為所產生的後悔，多於因某個行動而產生的後悔。他們
以這項結果為基礎，擴大進行六項研究，全部得出一個相
同的結論：無法活出理想我，以及無法活出應該我，兩者
相比，前者衍生的後悔發生頻率較高。「可以如何」的後
悔，比「應該如何」的後悔來得多，比例為三比一。

　　原因可能是，這兩種後悔予人不同的情緒感受。真實
我和理想我的落差使人氣餒，真實我和應該我的落差則使
人**焦慮**——我們更有可能在焦慮之下起而行。與應該怎麼
做有關的後悔，會衍生較強烈的急迫感，所以我們更有可
能以行動彌補缺憾：消弭過去某個行為衍生的後果、向
自己曾經錯待的人道歉，或者從錯中學習進步。[2]然而，
「可以如何」的懊悔縈繞心頭的時間，卻比「應該如何」
的懊悔來得久，因為許多應該如何的懊悔，最終都會彌補
過來。*

這項分析為認識後悔的深層結構開啟了另一扇窗。無法成為理想我是**未把握機會**，而無法成為應該我是**未履行義務**。四種核心遺憾，都牽涉到把握機會或履行義務，抑或兩者兼具。

舉例來說，勇氣遺憾（要是當初冒個險就好了）純粹跟沒掌握的機會有關。[3]根基遺憾（要是我曾付出努力就好了）也是，主要牽涉的是未能付出行動，去追尋某個機會。人際遺憾（要是我主動伸出手就好了）兩者皆具，包含未能把握機會維繫友誼，以及疏於關心家人或其他對象，沒盡到應盡的義務。道德遺憾（要是我沒做錯就好了）則關乎未能履行義務。

由此可知，機會與義務是引發後悔的要件；其中，機會更是一大關鍵。這也解釋了，為何我們對於不行動感覺比較後悔。尼爾‧羅斯和艾美‧桑莫維爾曾寫道：「不作為產生的後悔，比做某件事的後悔更持久，部分原因是前者反映了當事人強烈認知到沒有把握機會。」[4]

當我重新檢視量化研究「美國人遺憾調查計畫」收集

＊擔任安寧看護的布朗妮‧維爾（Bronnie Ware）記錄所照顧病人心中的遺憾，並於二〇一二年出版著作《和自己說好，生命裡只留下不後悔的選擇：一位安寧看護與臨終者的遺憾清單》（*The Top Five Regrets of the Dying: A Life Transformed by the Dearly Departing*）。書中也提及與此相同的概念。病人時常訴說的一件遺憾是：「真希望我有勇氣過忠於自我的人生，而非他人期望我過的人生。」

的資料，更是察覺到機會之於人的重要性。這份調查具有一定的規模及廣度，我能仔細分析各個不同的應答族群。女性與男性的悔恨是否有別？美國黑人與美國白人的悔恨是否存在差異？貧窮與富裕是否影響一個人的生命遭逢何種遺憾？

簡單來說，族群間的差異並不大。仔細探討後，則得出極有意思的答案——不同族群間存在的差異，更加凸顯機會是驅動後悔的核心因子。

以應答者的教育程度為例。擁有學士學位的人比沒有的人，更可能產生職業相關的遺憾。這個結果乍看或許令人驚訝，照道理說，學士學位能給予人們更寬廣的職涯選項才對。但那或許正是大學畢業生抱持更多職業遺憾的原因。他們的人生擁有較多的機會，放棄的機會也較多。

應答者的所得高低也可以看到類似情況。儘管如我們所料，財務類型的遺憾與家庭所得高低息息相關——亦即家庭所得愈低的人，愈有可能發生財務遺憾，但是職業遺憾相反：收入愈高的人，愈有可能產生職業遺憾。這再次證明，人擁有的機會愈多，未能掌握機會而產生的悔恨也就愈多。

最常發生教育遺憾的一群人是大學肄業的族群。每四人就有一人表示教育是人生中最遺憾的領域，或許是受教機會中斷之故。

194

　　機會受阻可能是不同族裔在遺憾調查中出現落差的原因。各族裔的遺憾差別很小，只有一項落差較明顯：非白人應答者的教育遺憾比較多。原因可能出在美國不同族裔間的教育機會並不均等。

　　應答者的年齡分布也顯示了機會的重要與矛盾。在美國人遺憾調查中，二十歲應答者的無作為和有作為遺憾比例相同。但隨著年齡增長，無作為遺憾逐漸占多數。到了五十歲，應答者的無作為遺憾是有作為遺憾的兩倍之多。資料顯示，年齡其實是目前最能預測無作為遺憾的有力指

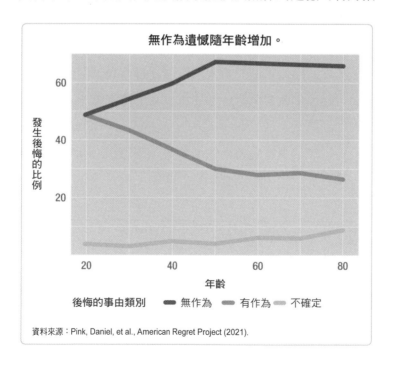

無作為遺憾隨年齡增加。

發生後悔的比例

後悔的事由類別　　■ 無作為　■ 有作為　■ 不確定

資料來源：Pink, Daniel, et al., American Regret Project (2021).

標。看樣子，當眼前的機會日漸消失（例如年長者面臨的情況），人們會開始後悔沒做自己想做的事。

應答者希望把握的機會領域也有所不同。例如，在三十到六十五的年齡層，職業和財務是最普遍的遺憾領域。可能是到了這個年齡，仍有許多相關機會。但年紀再大一些，人們對教育、健康和職業的遺憾，一般而言會減少，變成在家庭方面抱有較多遺憾。其中一個理由是：到了七十歲，無論是取得博士學位、創業，或奮鬥數十年來換取報酬，這樣的機會已經相當有限，大門已然闔上。但是與兄弟重修舊好的機會，在雙方去世前依然存在。這扇門仍打開著。

男女之間的差別並不大，但也確實存在。例如，男性較有可能發生職業遺憾，大約每五名男性就有一人提及職業類型的遺憾，卻只有一二%的女性提及。相較之下，女性更有可能發生家庭方面的遺憾，比例為女性二四%、男性一八%。我們未在調查中設計問題，探討差異出現的確切原因。但可以推測，平均而言，男性可能比較重視職業發展機會，女性比較重視人際方面的機會。*

夢想與責任

放棄機會所衍生的後悔，發生機率高於未盡本份。但我們都知道，兼顧夢想與責任，人生才圓滿。[5]後悔的負片效果帶我們清楚看見，一個人唯有在實踐自身夢想的同時，盡到對他人的責任義務，才能活出完整的人生。

光是盡責，無法追求自我發展，人生會受到局限；只追求機會，不盡義務，人生則是空洞的。想要活得真切，必須調合人生的機會與義務。

接下來，這本書要教你如何轉化眼前的後悔、預測未來的遺憾，讓人生這一遭不虛此行。

＊現有研究顯示男女在遺憾方面存在一項性別差異，亦即與性事有關的後悔。二〇一三年，由加州大學洛杉磯分校的安德魯‧高博霖（Andrew Galperin）和瑪蒂‧哈瑟頓（Martie Haselton）主持的研究發現，一般而言男性的性事遺憾與無作為有關（沒與某人發生關係），女性的性事遺憾則較常牽涉實際作為（與某人發生關係）。尼爾‧羅斯的研究同樣指出，男性在戀情上的遺憾通常與無作為有關，女性的戀情遺憾則分布比較平均，無作為和有作為的遺憾比例相當。（參見：Galperin, Andrew, Martie G. Haselton, David A. Frederick, Joshua Poore, William Hippel, David M. Buss, and Gian C. Gonzaga. "Sexual regret: Evidence for evolved sex differences." *Archives of Sexual Behavior* 7, no. 42 (2013): 1145–61; Roese, Neal J., Ginger L. Pennington, Jill Coleman, Maria Janicki, Norman P. Li, and Douglas T. Kenrick. "Sex differences in regret: All for love or some for lust?" *Personality and Social Psychology Bulletin* 32, no. 6 (2006): 770–80.）

第 **III** 部

後悔，再造的力量

「我不再善待潔西卡。她在學校月經來潮的那三天，我給她取了『血腥瑪麗』的綽號。」

女性，三十九歲，北卡羅萊納州

//

「我的妻子罹患新冠肺炎去世了。我很後悔，在和她結婚的六十二年當中實在太過忙碌，沒有在想到的時候就親一親她。」

男性，八十四歲，德州

//

「我後悔沒有學習讀樂譜或演奏樂器。現在才發現，就算不是熱愛音樂的人，這也是一項寶貴的實用技能。」

女性，十七歲，日本

消弭遺憾，發揮「至少心態」

傑夫・博斯利（Jeff Bosley）當時只是想要酷。

二十九歲才從軍的他，在布拉格堡軍事基地（Fort Bragg）是最年長的步兵，年紀甚至比教育班長還大。他很想融入大家，於是某天晚上，他和幾個好兄弟驅車離開營地，來到市區一間紋身店。

傑夫說，他想紋一個會讓同袍眼睛為之一亮的圖案或句子，用「充滿男子氣概」的符號，來展現戰士無所畏懼的精神。他要刺青師把圖案紋在左手臂上。他說：「拿起步槍的時候，我的視線會落在左手臂。」

駐店刺青師用身旁的電腦打開微軟的Word程式，兩人一同選中了紙莎草字體（Papyrus）。傑夫支付大約一百美元，在左手臂刺了九個黑色的英文字母：

NO REGRETS

　　傑夫在軍中服役近十年，最後以特種部隊隊員的身分退役。離開軍中後，他在科羅拉多州的科羅拉多泉市擔任消防員。他在那個時期和結縭十二年的妻子離異，並在婚姻走不下去時，對自己有了更深一層的認識：**他這一生有許多懊悔的事。**他後悔沒有認真念完大學（花了八年，總共念了兩間學校，都沒拿到學位）。他後悔和老婆鬧離婚，傷了老婆的心。他也後悔沒有去追求想要成為演員的多年夢想。

　　十四年前，傑夫魯莽地下了紋身的決定。他現在發現身上的刺青不僅不好看（他對我說：「我竟然選了紙莎草這種遜到爆又老套的字型。」），還是一句歪理。

　　「人都會後悔。」傑夫在訪談說：「我心中的確有遺憾，這是我前進的動力。後悔的感覺是很糟，但我寧願有後悔，也不想聽別人說什麼『無怨無悔』或『我沒有後悔的事』。」

　　他在心中那份悔意的刺激下，從科羅拉多州中部搬到南加州，以戲劇表演維生。這個他再也不相信的信條不

斷提醒著他。他受到刺激，下定決心，要砸大錢把「NO
REGRETS」的紋身洗掉。這不但要忍受皮肉之痛，還很
耗時間。傑夫在皮膚科診所定期接受雷射洗除紋身術，花
費的金錢超過當初紋身的十倍。

　　「每次我去洗紋身的地方，遇到沒見過的護理師或雷
射師，我都會說：『我知道，我懂笑點在哪。』」

　　我們該拿後悔怎麼辦？如果說後悔讓我們像個人，那
要如何善用後悔，讓我們成為更棒、對生活更滿意的人？

　　就從再次剖析後悔的結構，認識其中的關鍵差異切
入：做某件事所引起的後悔（有作為遺憾），還是沒做某
件事所引起的後悔（無作為遺憾）。有作為遺憾比較沒那
麼普遍。我會在這個小章節，分析你能如何扭轉有作為的
遺憾，來調整自己的當前狀態。並在下一章解決更複雜的
挑戰，教你以何種方式扭轉這兩種後悔，改善未來。

　　面對有作為遺憾，首要之務是改變眼前的處境，讓它
轉好。雖然不見得每次都能成功轉化，但有兩種作法，能
帶你朝此方向邁進。這一類的後悔，有許多是可以消滅
的：你可以修正作法、做相反的選擇，或消除某個後果。
想一想傑夫的故事，以及他身上正一點一滴消失的刺青。
此外，也可以運用「至少心態」來因應有作為遺憾，讓自
己對眼前的處境釋懷。儘管兩種應對策略都沒有未雨綢繆

的效果，卻可以幫助我們將注意力重新投入當下。

步驟一：消弭遺憾

假設，你在好朋友未主動挑釁的情況下，打了對方一巴掌，或在某個人的喪禮上，對著他的親朋好友口出惡言、中傷死者，你可能會在日後心生悔意。大部分的人都會。不過，只有電視節目製作人會想到拿這類輕率舉動來做節目。

一九九三年起在荷蘭播出的電視節目《對不起》（*Het Spijt Me*），持續以不同的版本播出長達二十年之久。節目基本上會安排兩個主要人物：一個是後悔的人（例如給手帕交一巴掌的人），另一個是受委屈的人（被摑掌的人）。

在最初的節目版本中，後悔的來賓像參加脫口秀一樣，坐在面向攝影棚觀眾的沙發上，向《對不起》的節目主持人訴說內心的遺憾。接著，所有人一起看製作人尋找憾事另一主角的影片，聽對方訴說對同一事件的理解，詢問他們是否接受道歉。既然是荷蘭節目，當然會送上一束花來表示歉意。

如果事件主角接受道歉，就會從舞台上的雙扇拉門走出來，向後悔的人打招呼（之後的版本，後悔之人會在事

件另一主角的家門外等待）。兩人會在誤會冰釋後，雙雙
流下眼淚，互相擁抱。

以後悔研究的第一把交椅馬歇爾‧澤倫貝赫為首，三
位荷蘭社會心理學家，一起分析了兩季《對不起》，試圖
找出人們想扭轉哪些遺憾。結果發現，在節目上，和未拍
攝播出的真實人生中，人們經常想消除的是有作為遺憾，
而非無作為遺憾。[1]我們傾向去修正做過的事，不太會去
彌補未付諸行動的念頭。

原因有很多。比如我們曾在第八章和第九章討論，有
作為遺憾通常來自實際事件，會在心中引發「激烈」情
緒，促使我們快速應對。而無作為遺憾往往比較抽象，較
少立即引發強烈情緒。

此外，許多無作為遺憾本身並不容易消除。假設我現
在二十幾歲了，後悔高中時期沒認真念書，我不可能去重
念十一年級，只能選擇把目光聚焦於未來的日子。

但是面對做出某件事情的遺憾，我還有機會重新校
正這一刻——按下人生鍵盤上的「Ctrl+Z」復原鍵。*譬
如，面對經常涉及欺負弱小、對配偶不忠、侮辱同事等實
際作為的道德遺憾，道歉會是一種有助消弭遺憾的方式。
偉大的社會學家厄文‧高夫曼（Erving Goffman）曾寫

＊由於我用的是Mac電腦，我在鍵盤和人生中要按下的是「Command+Z」。

道，道歉是「承認自己該受責備，懊悔不樂見發生之事，行動者藉此嘗試取得對方的原諒」。[2]獲得寬恕，可以減輕情緒和道德上的沉重負擔，至少「還掉一部分帳款」。

消除曾經做過的事，可改善當前處境，有其好處，但消除後悔不等同於一筆勾銷。傑夫告訴我，一遍又一遍清除紋身，都已經讀不出左臂上是什麼字了，字跡卻未完全消失。「現在看起來很像一個淡淡的瘀青。」

所以，想要處理有作為遺憾，請先問問自己以下幾個問題：

- 如果我傷害了某個人（常見於道德遺憾，有時也會引起人際遺憾），我能不能透過道歉，或任何情緒或物質上的賠償方式，來彌補過錯？
- 如果我傷害了自己（經常引起根基遺憾，有時引起人際遺憾），我能不能修正錯誤？譬如，能不能開始償還積欠的債務，或者多花幾小時處理公事？能不能當下就主動聯絡某個已失聯的對象？

如果做了某事而產生的後悔可以消除，就算會留下實際或象徵性的淺瘀，也請你試一試。假使它無法消除，也別害怕，你還有一種選擇。

步驟二：用「至少心態」理解它

　　另一種改善眼前處境的方法不是去修正做過的事，而是改變思路。讓我用自己的例子來說明。

　　三十年前，剛從大學畢業沒多久，我就去念了法學院。我對這件事很是後悔。這不是什麼天塌下來的大災難，只不過是一個糟糕的決定。要是我在選擇時更聰明一點，再多等一下，或者選擇截然不同的人生道路，我就可以將那幾年的青春，投注在更有成就感、更能幫助世界的活動。而且職業生涯的頭幾年，也不會那般痛苦掙扎。不過我也是在法學院認識我的妻子。認識了她，我才得以加入幸福的人生勝利組。我不可能去消除這樣的有作為遺憾，不過我可以從「要是心態」轉換成「至少心態」，來減輕後悔帶來的刺痛。選擇就讀法學院是一個錯誤，但**至少**我因此認識了太太。

　　至少心態無助於改變行為或提升未來表現，卻可以幫助我們重新評估當下的境遇。例如，世界遺憾調查中，有幾名女性表示嫁給前夫是此生最後悔的事。不過，其中成為母親的女性也表示，雖然走入婚姻時沒想清楚，卻很珍惜在那段不堪婚姻中生下的孩子。

　　她們說：「我後悔嫁給一個沒用的人，但至少生下了優秀的孩子。」發現雲縫間透出一絲曙光，無法使烏雲不存在，而是提供另一種看待烏雲的觀點。

「至少心態」，能讓選錯婚姻對象這樣的大事感覺比較好受，在面對不屬於四大後悔類型的麻煩事，更是特別有用。假設你最近買下一輛新車，結果感到後悔，希望自己買的是另一家車商出的車款。假設這輛車安全性十足，功能也好，你開什麼車，其實並不影響長期的幸福感和滿足感。事實上，不論擁有平凡無奇或時髦吸睛的車，我們都會很快習慣。[3]所以，你或許想從這樣的後悔，學習未來可派上用場的教訓（下次買車前要好好研究消費指南），我依然建議你用「至少心態」去理解這件事。想一想事情還會如何更糟。「至少我用划算的價錢買到車子。」「至少我沒買另一家車商的車，那輛車的後行李廂很小。」「至少錢花得值得。」

「至少心態」能化解後悔感。這種心態本身無法促成行為的改變，卻能改變我們對行為的感受，這一點很重要。此外，比起自然湧現的「要是心態」，自然萌生的「至少心態」比例上少了很多，因此我們必須在適當的時機，自行召喚「至少心態」。「至少心態」的運作方式就像抗生素一般。有時候，你得自己伸手到存放藥品的櫥櫃，趕快拿幾顆服用，加強我們的心理免疫系統，擊退某一些有害的情緒。[4]太常使用抗生素，藥效會降低，但聰明地服用，有益健康機能順利運作。

因此，假如你正為某件做過的事意志消沉，請問一問自己：

- 這個令我後悔的決定，是否還有更糟的狀況？
- 這件後悔的事是否有一絲好的地方？
- 請完成下面這個句子：「至少……」

在我寫這本書的時候，傑夫仍在努力消除他的後悔。他忍著痛，慢慢洗掉身上的刺青。可能還需要做好幾次的雷射療程，再花更多的金錢。

至少，他當初刺青時沒有選擇更大的字級。

「我這一輩子都將時間花在研究人的理智，卻忽略了也應該認識情緒和感受。」

女性，四十歲，巴西

//

「我後悔忽視內在聲音，沒有聽從內心渴望大膽冒險的請求（遷居其他國家、在遇到爛老闆時換工作）。我也很後悔始終照著社會的期待過生活，沒有把自己放在第一位。」

女性，四十七歲，新加坡

//

「我後悔一九九九年去參加一場討厭的會議的途中，買了包駱駝牌香菸。我一直抽菸抽到現在，有時抽得很凶，不是因為我喜歡抽，而是變成一種習慣。」

男性，四十四歲，西維吉尼亞州

揭露、同理、抽離

先前我們提到雪柔・強森，她和大學同學簡恩曾是莫逆之交，卻互相疏遠了二十幾年。人際遺憾發生在雪柔身上，她懷念過去那段與簡恩感情要好的親暱時光。這是無作為遺憾，她無法重新來過、改變二十五年的空缺，也無法用「至少心態」來轉換心境。就算她說「這段友情無疾而終，至少我們沒大吵一架」，也無濟於事，更不可能為當下這一刻創造意義。

雪柔的最佳回應方式是記取遺憾，改變未來——不論有無作為，面對大部分的遺憾，這都是最好的應對方法。當我們能刻意帶著前進的想法去回顧往事，就能將心中的遺憾化為前進的動力，促使我們做更明智的選擇，拿出更好的表現，創造更深刻的意義。科學已經證明這一點。

　　不要漠視後悔這種負面情緒，甚或沉溺其中，而要記得：感覺促成思考，而思考促成行動。按照下方的簡單三步驟去做，你將能發掘埋藏內心的後悔、重塑看待後悔的觀點，並從經驗汲取教訓，在未來做更好的決定。

步驟一：自我揭露──回想並放下

　　猴子的社會結構非常複雜，但是在猴子的社會裡，沒有印製鈔票、管制貨幣供應的中央銀行。靈長類動物學家因此想出，運用「液體貨幣」來衡量猴子重視什麼的方法。這種液體貨幣，就是非靈長類動物學家的我們所稱的「果汁」。科學家計算，要給多少果汁，才能讓猴子依他們的意思做出特定行為，以及猴子為了依自己的意思行動，願意犧牲多少果汁，藉此評估靈長類動物對事物的優先排序。

　　杜克大學的羅伯特・迪納（Robert Deaner）、亞密特・凱拉（Amit Khera）和麥可・普拉特（Michael Platt），協助開發了這項研究技巧。二〇〇五年，他們以此技巧進行實驗，評估公獼猴群是否看重階級和性交的訊號。發現必須要用大量的果汁來賄賂，才能成功讓獼猴的目光放在低階獼猴的照片。而社會階級高的獼猴及母猴下半身的照片，則對牠們充滿誘惑力，讓公猴願意為了看上一眼而**放棄**果汁。換言之，實驗人員必須「付液體貨幣」給公猴，牠們才願意看不重要的猴子；但牠們願意「付錢」看掌握權力或有吸引力的猴子——在在顯示，猴子重視顯示了支配權與可交配對象的標誌。[1]

二〇一二年，現任職普林斯頓大學的心理學家黛安娜·塔米爾（Diana Tamir）曾與哈佛大學的傑森·米契爾（Jason Mitchell）修改實驗，用類似的技巧去評估與獼猴關係很近的親戚——人類最重視什麼。塔米爾和米契爾給受試者三個選項：（一）公開對自己抱持的信念；（二）評判別人的信念；（三）回答無關緊要的問題。每個活動選項獲得的金額不同。經過一百九十五次試驗，得知人對其中一個選項明顯偏愛。人們**樂於**談論自己，簡直是太愛了，即使金錢報償比另外兩個選項少得多，也甘之如飴。塔米爾和米契爾寫道：「就像猴子願意為了看優勢同伴而放棄果汁獎勵……人類願意為了揭露自我資訊而放棄金錢。」[2]

接下來，塔米爾和米契爾以功能性核磁共振造影觀察受試者的腦內變化，發現揭露自我資訊的人，其回應食物、金錢、性事的腦部區域（依核及腹側被蓋區）較為活躍。他們指出，這項研究「提供的行為與神經證據，顯示自我揭露（self-disclosure）本身即具獎勵效果。」[3]

　　不論你所後悔的事，源自某次作為或不作為，對付後悔的第一個步驟都是自我揭露。我們怯於跟他人談論關於自己的負面資訊，這麼做感覺很怪，甚至丟臉。然而有大量文獻明白指出，揭露自己的想法、感受和行為（告訴別人或單純寫下來），對身心和事業發展皆有各種好處，比如降低血壓、提高成績、增進問題因應技巧等。[4]塔米爾和米契爾甚至斷言：「人類或許有向他人揭露想法的內在驅力。」[5]

　　自我揭露是應付後悔的特效藥，否認後悔則會導致身心疲累。將悔恨抓得太緊，會使我們陷入不健康的窮思。比較好的作法是**回想並放下**。說出隱藏在心中的悔恨可以減輕負擔，開闢一條賦予後悔意義的路。

　　比如，包括加州大學河濱校區的盧波米爾斯基在內等心理學家都曾進行研究，建議人們以不同的方式因應正、負面的經驗。研究對象寫下負面經驗（如後悔），甚至對錄音機訴說悔意，每天只要十五分鐘，整體生活滿意度將大幅提升，身心狀況也更安定。這是單單在腦中思考負面經驗無法達到的好處。正面經驗則相反。寫下或說出光榮的勝利或快樂的時光，會導致好的感受減少。[6]

　　理由是，不論書寫或講出口，語言都能強迫我們專心

組織與整理想法；這也說明，自我揭露何以是應付後悔的
關鍵。它將我們心中模糊的抽象概念轉換成具體的語言單
位，有益於化解負面情緒。[7]

　　以上再次說明了，當我們將情緒視為顯示想法的訊
號，後悔是能帶領我們更上層樓的良方。感覺促成思考，
思考促成行動，後悔施展魔力——磨練決策、使人精進，
帶我們掌握深刻的意義。寫下後悔的事或找人訴說悔恨，
可將這次經驗從情緒轉移到認知的範疇。我們不讓難受的
感覺不受控地在內心翻攪，而是藉由語言的幫助，捕捉後
悔，將之定調，開始拆解分析。但這個方法對正面經驗比
較沒幫助。不去分析人生的快樂時刻或賦予意義，有助於
留住當下的驚奇與快樂。剖析稱心快意的事，會讓事件不
再無與倫比。[8]

　　揭露自我的人，擔心旁人是否看扁自己，尤其是講述
過往不夠謹慎、不太可靠、不勇敢的經歷。可是事情並沒
有我們想得那麼糟。我們當然有可能透露太多。而分享過
多關於自身的私密細節，會令聽者渾身不自在。不過證據
顯示，自我揭露更常帶來拉近人際距離的效果，而非招致
批評。一份重要文獻回顧指出：「對他人訴說內心話的
人，通常比吝於表達想法的人**更受喜歡**。」[9]

　　可是，假如你很容易因為別人對你的看法而心煩意
亂，那你可以選擇不向他人透露後悔之事，自己知道

就好。德州大學社會心理學家詹姆斯．潘貝克（James Pennebaker），在一九九〇年代開始進行一項開創先河的實驗。這三十年來，潘貝克及其他學者據此擴大研究，證明了單純將情緒困擾寫下來，即便只寫給自己看，都很有用。好處包括：較少看醫生、情緒獲得長期改善、免疫功能提高、學業成績進步、待業者更快找到工作等。[10]此外，潘貝克肯定，這些益處觸及的範圍廣泛：「揭露的好處普遍延伸至各種不同情境，橫跨許多個別的差異因素，以及數種西方文化，並且不受社會回饋的影響。」[11]

面對各種後悔，第一步都是將後悔說出來。這一點，雪柔．強森已經做到了。她先是在世界遺憾調查描述心中的遺憾，之後與我談論這份未長久維繫的好交情。她在我們的對話中，提到自己從未完整訴說她的經歷。她的思緒一下子就釐清了，情緒也獲得釋放。

自我揭露具備內在獎勵的效果，且具外部價值，足以減輕我們的負擔，讓抽象的負面情緒變具體，並拉近人與人的距離。因此，請試一試下面任一種作法，開始著手管理後悔的情緒，提升未來的生活品質：

- 連續三天，花十五分鐘，寫下後悔之事。
- 連續三天，花十五分鐘，打開錄音裝置，訴說後悔之事。

216

- 找一個人面對面或在電話中述說後悔之事。適度提及事情的細節,但要設下時間限制(如半小時),以免反覆同樣的話,或者愈說心情愈糟。

步驟二:自我同理——拿出平常心,淡化負面經驗

表露後悔是把自己攤在陽光下,面對自己或他人。此時,你必須選擇如何反應。你會斥責自己嗎?還是替自己加油打氣?展開一連串的自我批判,以及挖掘心底的自尊,哪一種作法比較有效?

答案竟是兩者皆非。

身為堅持自我批判、一輩子磨練自我批判技巧的人,我試著找出這麼做有效的證據,卻驚訝地發現,支持我的證據並不多。某些情境下,自我批判可激發我們拿出好表現,前提是,所批評的對象是特定的行為表現,而非強烈的偏好傾向。若未謹慎管理、失了限度,自我批判可能演變成符合本身價值觀的美德展示行為。自我批判顯示出一個人具有不屈不撓的精神和遠大的野心,但也經常使人陷入反芻性思考和絕望之境,無法採取有效的行動。[12]

反之,自尊感可能比較有效一點。自尊是你對自己的評價。有一些育兒圈及教育界人士非常重視人的自尊,會

不停地稱讚他人,並將閃亮亮的參加獎頒給每一個人。你對自我感覺良好嗎?你是否給予自己的個人特質和行為良好的評價?舉例來說,在研究調查中,自尊感高的人會替自己的外貌、智力、受歡迎度打高分,自尊感低的人則相反(奇特的是,自尊心高低與一個人的實際智商、魅力或受歡迎度無關)。[13]我們都需要一定程度的自尊感來度過每一天,並在明天發光發熱。努力提高自尊,有助於提升表現,並減少沮喪與焦慮。

但自尊感也有不好的地方。無視是否有真實的成果,一味自我肯定,會導致自戀及缺乏同理心,也會促發侵略行為。例如,罪犯擁有比一般人更強烈的自尊心。自尊心也可能導致偏心己方,對非我族類抱持偏見。[14]自尊感源自於比較,在比較中給自我較高的評價,因此這個「我」經常必須貶低他人、抬高自己。有鑑於自尊感涉及這幾樣缺點,這五十年來,包括愛德華・戴西(Edward Deci)、理查・萊恩(Richard Ryan)和已故的亞伯特・班杜拉(Albert Bandura)等傑出的社會科學家,一直在探討是否有其他足以取代自尊感,比自尊感更有益於人的心理狀態。

約在二十年前,德州大學心理學家克莉絲汀・聶夫(Kristin Nef)開創先河,提出了「自我同理」(self-compassion)的概念。這是所有研究當中,最有力量和發展性的另一種選項，也是正確理解後悔的第二步。

自我同理的概念，部分來自聶夫的發現——當我們犯錯或失敗，會用比相同處境下對待朋友、家人，甚至陌生人的方式，更嚴苛地對待自己。聶夫證明這麼做適得其反。面對沮喪或失敗，最好的作法是不看扁自己，也不苛責自己，要像對待別人那樣，給予相同的溫暖和理解。自我同理的第一步，是放下尖酸刻薄的批評，給自己最基本的疼惜。這並非犯下大錯卻視而不見，也不是漠視自身的缺點，只是瞭解「不完美、犯錯、遭逢困境是所有人的共通體驗」。[15]當我們能以**平常心**看待負面經驗，就能將其**淡化**。自我同理鼓勵我們，面對負面情緒要採取中庸之道，既不壓抑情緒，也不誇大或過度認同。

自我同理可以後天學習，[16]學會之後好處多多。聶夫等學者在研究中發現，自我同理可使人更樂觀、快樂、好奇、有智慧，[17]也使人更積極進取、情緒智商更高、[18]心理素質更強、[19]社會連結更深。[20]同時讓人避免毫無意義的胡思亂想，[21]可以幫助學習狀況不佳的學生進步。[22]此外，它能緩和憂鬱、焦慮、壓力、完美主義和愧疚感，[23]從而減輕創傷後壓力症候群的症狀。[24]二〇一九年，研究人員整合分析超過九十份研究，證明自我同理甚至有益身體健康，包括改善免疫功能。[25]

自我同理在某種意義上能產生與自尊感相同的好處，

卻不會帶來缺點。它不像自我批判有害身心,同時防止我們為了維持自尊,透過虛榮比較以產生良好的感覺。

自我同理對化解後悔效果顯著。現任職曼菲斯大學(University of Memphis)的心理學家張家威(Jia Wei Zhang,音譯),以及加州大學柏克萊分校的瑟琳娜・陳(Serena Chen)曾在二〇一六年,探討自我同理如何幫助人們克服後悔並從中學習。

他們徵集數百名受試者,要求每個人寫下最深的遺憾,再隨機分成三組。第一組「從同情和理解的角度」,寫信對自己訴說後悔的事。第二組「從認可自身正向特質(非負面特質)的角度」,寫信對自己訴說後悔的事。第三組則是控制組,研究人員要求他們寫下自己的嗜好。

以自我同理心因應後悔的人,比帶著自尊感面對的人,更能改變自己的行為。單單是刻意的書寫,這樣的舉動就能促使人們規畫,想辦法避免日後再次發生相同的憾事──不論遺憾關乎某個行動,或沒有行動。張家威和瑟琳娜・陳寫道:「自我同理似乎能引導人們接納遺憾,像這樣願意與後悔保持連結,可以給人發掘自我提升方式的機會。」[26]

以雪柔內心的遺憾為例。自我同理並非告訴自己,沒有多做一點努力去維繫友誼,不是她的錯。而是要像對待其他後悔友情破裂的人那樣,以相同的寬大胸懷對待自己；要如張家威和瑟琳娜・陳所說的「與後悔保持連結」，不要將中斷友誼看成自我的定義要件；不要像雪柔數度對我提及那般，將「我真的搞砸了」掛在嘴邊，而要明白她心中的懊悔很正常、普遍，人人皆有。

自我同理並不像某些人所擔心的那樣，會使人驕傲自滿。[27]自我鞭笞看似能激勵人採取行動，卻經常引發無力感（美國人特別相信自我鞭笞能激勵人心這一套，我們腦中一想到激勵，首先就想到大聲咆哮，激動得臉紅脖子粗、青筋暴露的美式足球教練）。研究人員發現，自我同理反而能促使人們正視困難，並承擔責任。如聶夫所言：「自我同理絕非自我縱容的藉口，它敦促我們懷抱正確的動機，向前邁進。」[28]

由自我同理的科學研究可知，在轉化後悔的第二個步驟，請問一問自己下面這三個問題：

- 如果朋友或親人向你訴說相同的悔恨，你會關心，還是瞧不起對方？如果你的答案是關心，請以相同方式對待自己。如果答案是瞧不起，請想想看，還有沒有其他的回應方式。

- 別人是否也有可能經歷同樣的後悔，只有你有這樣的遺憾嗎？如果你相信這是常人都會犯的錯誤，請仔細思考這個想法；這通常是對的。如果

你相信自己是世上的唯一例外，請重新讀一讀本
書第七章到第十章。

- 這件後悔之事是人生中的一次不愉快經驗，還是
  足以影響你一生的事件？同樣地，如果你認為這
  是應該留意的憾事，但不該過度認同，那麼你的
  方向就對了。如果你相信這件憾事與你畫上了等
  號，請問一問別人是怎麼想的。

這三個問題構成了自我同理的核心，我們要從這裡出
發，繼續認識最後一個步驟。

步驟三：自我抽離——分析並找出策略

至少從表面看，凱薩大帝和人偶艾蒙（Elmo）湊不
到一塊。一個是兩千多年前羅馬的政治人物、將軍、歷史
家，在莎士比亞戲劇作品中千古留名。一個是一身破舊絨
毛、頂著橘色鼻子、個性有點躁動的紅布偶，確切國籍不
明，只知道永久通訊地址是芝麻街。

儘管如此，這兩個人物都是擅長運用同一種修辭技巧
的專家——第三人稱自稱（illeism）；這花俏的修辭學名
稱是指說話時用第三人稱來稱呼自己。凱薩大帝在《高盧
戰記》（*Commentarii de Bello Gallico*）提及自己在高盧戰

事的功績時，從不以「我」或其他第一人稱代名詞自稱，而是使用這樣的句子：「密探稟報凱薩，此山掌握於自己人。」艾蒙在解釋自己全心投入精神生活時，同樣摒棄第一人稱不用，而是偏愛這樣的句子：「艾蒙熱愛學習！」

雖然有些人覺得第三人稱自稱很惱人（丹尼爾·品克並不介意），但是這樣的說話及敘事風格，說明了理解遺憾的最後一個步驟。以第三人稱自稱，也是社會心理學家所說的「自我抽離」（self-distancing）的一種。

被後悔這類負面情緒纏上，你可以選擇沉浸其中，用貼近它的方式來面對這起負面事件。但投入負面情緒，可能會被捲入窈思的暗流。反向移動會比較好、比較有效，而且成效更持久——意思是，勿沉溺其中，要像電影導演將攝影機的推軌往後拉開距離，像個事不關己的旁觀者去看待自己的處境。

經過自我揭露釋放悔恨的沉重負擔，並以自我同理將悔恨重新理解為人類共通的不完美特質，而非剝奪能力的缺陷，此時，自我抽離可幫助你**分析並找出因應策略**——不帶愧疚感或積怨，客觀冷靜地檢視心中的遺憾，並從中學習，作為未來行動的指引。

自我抽離讓你從潛水員變成海洋研究員，原本在暗無天日的悔恨裡四處洄游，如今可在水面搭著船測量海域及海岸線的形貌。此領域的兩位重要學者，密西根大學的伊森·克洛斯（Ethan Kross）和加州大學柏克萊分校的歐姿蘭·艾杜克（Özlem Ayduk）解釋：「自我抽離的人不把焦點放在講述經驗，而是重新理解經驗，讓自己擁有不一樣的見解，從中解脫。」[29]從講述經驗的沉浸式行為，轉為拉開距離、重新理解經驗，可幫助我們控管情緒並重新引導行為的方向。因此，自我抽離有助於加強思考、[30]提升問題解決技巧、[31]開啟智慧，[32]甚至降低壓力情境下容易引起的偏高血壓。[33]

有三種方式能拉開與後悔的距離。

第一種，以空間拉開距離。這個經典技巧，你應該猜想得到，就是「作壁上觀」。不要從自己的角度去看待後悔（「我和好朋友簡恩的友情出現裂痕，我卻沒有想辦法補救，我真是大錯特錯」），當一個中立的旁觀者，去看待這樣的情境（「我看見有人放掉一個重要的朋友，但人都會犯錯，只要她多花時間，經常主動維繫重要的人際關係，就能彌補這個錯誤，包括與簡恩的友情」）。

你或許注意到了，解決別人的問題往往更容易。那是因為你不像當事人被捲入太多細節之中，能看清當事人看不清的全貌。事實上，克洛斯和加拿大滑鐵盧大學的伊戈·葛羅斯曼（Igor Grossmann）證明，當我們退後一步，像評估他人處境那樣評估自身處境，就能消弭這個知覺上的落差。我們會像分析他人的問題那樣，有效分析自己的問題。[34]另一個重點是,作壁上觀能幫助我們忍受批評、從中學習(比較不會認為別人在針對自己),這是將後悔轉化成進步鑰匙的關鍵。[35]你可以拉開實體距離,也可以拉開心理距離。換一個地方思考令你後悔之事,即便只是在椅子上將前傾的身體往後靠,都能讓挑戰看起來較不困難,降低解決難題的焦慮感。[36]

第二種,以時間拉開距離。我們可以用催生後悔的時光旅行能力,來分析並找出策略,從後悔學習寶貴的一課。例如一項研究顯示,讓人們從十年後的角度去思考負面情境可能產生的感受,會比用一週後的觀點審視問題發展來得更沒有壓力,而且問題解決能力也提高了。[37]

想像你已經來到未來,再回過頭去檢視後悔,就能像作壁上觀那樣,從事不關己、見樹又見林的角度看待事件,使問題看起來比較小,感覺只會短暫存在且容易克服。[38]例如,雪柔可以想像自己十年後如何看待這份遺憾,想一想自己將如何反應。會不會因為與好友疏遠了三十五年而傷心?會不會因為消除了與簡恩或其他人的人際遺憾,感到心滿意足?把視線從今日的放大鏡移開,透過明日的望遠鏡去模擬並回顧問題,更能夠放下自我辯解,轉向自我提升。[39]

第三種,像凱薩大帝和艾蒙教我們的,從語言做到自我抽離。克洛斯、艾杜克等人曾進行一項非常有趣的研究並得出結論:「在回顧往事時,稍微改變自稱用語,可使承受壓力的人更能控制自己的想法、感受和行為。」[40]不用第一人稱稱呼自己,可以拉開距離,幫助我們將威脅重新塑造成挑戰,賦予痛苦意義。例如,葛羅斯曼與幾位同事仿效凱薩大帝的說話技巧,讓受試者以「她」、「他」、「他們」等第三人稱,來書寫自己面臨的挑戰,捨棄「我」、「我的」等第一人稱。他們發現這麼做可提高受試者的「理智謙遜」(intellectual humility),[*]使其看清困境背後的因果關係。[41]珊達・竇寇斯(Sanda Dolcos)和朵樂絲・艾爾巴拉辛(Dolores Albarracín)的研究指出,以第二人稱「你」取代「我」,來敘述後悔的事件,亦可提高說話者的行動力,以堅定的態度改善未來的行為。[42]同理,使用泛指所有人的「你」作為自我對話的主詞,可讓負面經驗沒那麼可怕,幫助人們從中尋找意義。[43]

艾蒙的頭腦可能比外表看起來更聰明。用名字自稱也能達到類似效果。比如,克羅斯曾在二〇一四年主持另一項研究計畫。當時伊波拉病毒爆發,人人聞之色變。研究人員要受試者思考疫情的爆發,發現隨機分配到用名字自稱(不以「我」為主詞思考問題)的受試者,較能產生基

---

[*]譯註:知道自己什麼辦得到、什麼辦不到,且知道自己有可能是錯的。

於事實的合理推論，瞭解不需對疫情感到恐慌。[44]另一個重點是，透過語言自我抽離，省時又省力。一項神經成像研究指出，一秒就有效果。[45]

若要發揮自我抽離的好處，請嘗試下面的作法：

- 想像你最要好的朋友發生和你一樣後悔的遭遇。他能從中學到怎樣的一課？你會給他什麼建議？描述愈具體愈好。接著，按照你自己給予的建議去做。

- 想像自己是立場中立的專家（比如專攻後悔科學的醫生），正在一間新穎乾淨的診察室分析你後悔的事。你的診斷是什麼？請用醫學術語說明問題點。接下來，思考你會開什麼處方？然後，以你的名字和「你」為稱呼，寫一封電子郵件給自己，簡明扼要地列出步驟，你將如何能從這件後悔之事學到教訓。

- 如果後悔之事和事業或職業發展有關，試一試已故的英特爾公司前執行長安迪·葛洛夫（Andy Grove）的妙招。據說他會自問：「如果我明天被取代了，繼任者會怎麼做？」[46]

- 想像十年後的你回顧現在，你對自己處理後悔之事的方式感覺很自豪。你是怎麼做到的？

　　回顧能帶我們往前走，但方法要對。透過自我揭露、自我同理、自我抽離的順序，這個簡單卻有條理的方法，可將後悔轉化成一股強大的力量，幫你找回人生的穩定感、成就感和目的。

　　但方法不只於此，**瞭望未來**，預見可能發生的遺憾，同樣能帶我們向前走。

幫助你不後悔的七項小技巧

一、籌辦遺憾分享會

把遺憾分享會想成是讀書會的變形。找五、六位朋友一起喝咖啡、喝茶或小酌一杯。請其中兩位朋友事先準備一段非常遺憾的經驗，在分享會上述說這個故事。其他與會者先將遺憾分門別類（有無作為？是否屬於四大深層結構，如果是，屬於哪一類？）。接著，成員針對每一件憾事，逐一練習「揭露、同理、抽離」的步驟。最後，請遺憾故事的兩位當事人告訴大家，他們會有哪些具體的因應作為（例如，對討人厭的上司勇敢表達內心的想法、邀心儀對象去約會）。下次聚會時，成員要詢問當事人是否實現了承諾，並由另兩位成員分享自己的遺憾。

二、寫一份失敗履歷

大部分的人都會準備一份履歷，簡述自己做過哪些工作、擁有哪些經驗和文憑，向雇主、客戶證明你很棒、能力十足、符合資格。史丹佛大學教授級的實務教師蒂娜・席里格（Tina Seelig）表示，我們也需要準備一份「失敗履歷表」，詳列所有的失敗經驗。寫失敗履歷表是另一種講述遺憾的方式，而製作失敗履歷表就是在自我揭露。檢視履歷表時，不要從當事人的眼光切入，要把自己當成旁觀者。如此一來，你就不會覺得失敗經驗貶低了你的個人價值，而是從中學習。幾年前，我編製過一份屬於自己的失敗履歷表，試著從我搞砸的諸多事件中汲取教訓（至於這些難為情的事，對我自己揭露就夠了，謝謝）。那一次我意識到，有兩個錯誤，我以不同的形式犯了好幾次。瞭解這件事，幫助我避免再犯相同的錯誤。

三、學習自我同理

　　這二十年來，我不停鑽研社會科學研究並從中探尋意義，但我認為，像自我同理研究這樣，能讓我深刻共鳴的並不多。體悟到自我同理的道理之後，我現在認為，苛責自己雖能滿足自虐的心態，卻毫無建樹，所以我學會克制，不過度批判自己。自我同理也讓我瞭解，那些我認為只會發生在自己身上的難題，其實極為常見且可以解決。我鼓勵大家深入瞭解這個主題。你可以從克莉絲汀・聶夫的網站（https://selfcompassion.org）開始探索，裡面提供了自我同理程度的測試。她的著作《自我同理》（*Self-Compassion: The Proven Power of Being Kind to Yourself*）也寫得相當精彩。

四、用這一年的遺憾，許下新年新希望

　　「回顧能帶我們往前走」是這一章的核心概念，也貫穿本書。你可以藉由建立儀式，將此項原則深深烙印於日常生活中。每一年，來到十二月底，即將邁向一月一日這個時間地標（temporal landmark），總會激勵人們許下各種新年願望。請在許下新年願望之前，寫一寫我發明的「舊年舊遺憾」。請回顧這一年，寫下三件令你後悔的事。你後悔沒有和某個親戚或前同事恢復聯絡嗎？你後悔始終沒展開盤算已久的副業？你後悔說出違背價值觀的謊言？寫下這些後悔。將設法消除有作為遺憾並轉化無作為遺憾，定為新年的重要任務。

五、在心中扣減正面事件

　　想讓遺憾不那麼痛苦，可以學一九四六年電影

《風雲人物》（*It's a Wonderful Life*）的知名心理技巧。聖誕夜那天，主角喬治因故想要尋短，卻在此時遇見名為克拉倫斯的天使。天使讓喬治看見，要是喬治沒出生，貝福鎮上的人會過怎樣的生活。克拉倫斯感化喬治的方式就是「在心中減去正面的事件」。[47]想一想生命中美好的人事物，或許是某個要好的朋友、某項職業生涯的成就，或是你的一個孩子，再想一想這些令你快樂的人事物來自哪些決定或沒做的決定，或是哪些錯誤或成功事蹟。接著，將其全部抹除。以我在前一章提到的例子來說明。如果我在心裡抹掉認識我妻子這件事，人生會變得既悲慘又黑暗。我的反應跟喬治一樣，這麼做之後，我對生命更加感恩，遺憾之事便有了全新的意義。

六、參與世界遺憾調查

你還沒填寫世界遺憾調查問卷嗎？歡迎來留言，網址是www.worldregretsurvey.com。寫下心中憾事，會削弱悔恨的傷害力，協助你拉開距離，重新評估後悔並展開計畫。你也可以讀一讀別人寫下的遺憾，從中瞭解人皆有悔，幫助你培養思考後悔所需的強大肌力。在閱讀世界各地的人們寫下的遺憾時，請問一問自己：這是哪一類型的遺憾？你會給留言者什麼建議，好幫助對方將後悔轉為正向的力量？

七、發揮旅途思維

　　達成目標就沒有遺憾了。但是，達成目標之後若沒有堅持下去（就像藉由持續定期運動或維持達成專案目標的良好工作習慣），後悔很快就會找上你。史丹佛大學教授黃思綺（Szu-chi Huang）和珍妮佛・艾克（Jennifer Aaker）的研究，針對這個問題提供了一帖良藥：旅途思維（journey mindset）。黃思綺和艾克發現，完成一項艱難的重要任務之後，我們會在抵達終點時鬆懈下來，認為工作已經結束。但事情通常沒有完結。別光是享受達成目標的美好，也要回顧帶你來到這一刻的每一步。少花一點時間慶祝達陣，多花一點時間審視過程。

「我後悔自己相信大學升學顧問的話，認定自己不是當醫生的料。真希望當時我相信自己，至少試過了再說。」

女性，五十四歲，馬里蘭州

//

「我後悔生小孩之前，浪費了一大把可自由運用的時間。現在回想，我絕對·不·是·忙得沒時間學西班牙文、固定運動，或是認真精進工作能力。」

男性，二十九歲，印第安納州

//

「性生活不夠豐富。」

女性，七十一歲，密西根州

14

預知後悔

「請用活第二次的心態去生活，彷彿這一刻你要採取的行動，
你在第一次已經做錯了！」

——維克多‧法蘭克（Viktor Frankl），一九四六年

一八八八年某天早晨，阿弗雷德‧諾貝爾（Alfred
Nobel）睡醒，看見早報刊登的內容，令他大吃一驚。這
份刊物上白紙黑字，公開寫著他的訃聞。原來一名法國記
者將阿弗雷德‧諾貝爾誤認為是他去世的哥哥路德維希
（Ludvig），而阿弗雷德‧諾貝爾顯然尚在人世。整起事
件有如十九世紀末的假新聞。

然而，真正令阿弗雷德‧諾貝爾氣憤的是報紙的標題
——這則訃聞以「死亡販售者身故」（Le marchand de la
mort est mort）來總結他的畢生心血。

這位會說五種語言的瑞典天才化學家在發明領域成就

斐然。他在一八六〇年代發明了起爆器和雷管等爆炸裝
置,以及最為人所知的炸藥,並且取得這些發明物的專
利。他在世界各地設立的炸藥工廠,讓他成為富甲一方的
歐洲工業鉅子。

但訃聞並未提及他在工業技術上的聰明才智和勇往直
前的創業精神,而是將他描述成靈魂骯髒的人,說他留下
一大筆來源可議的財產——這個貪婪無恥的人,靠著販售
讓人自相殘殺的工具,成為大富豪。

八年後,諾貝爾真的去世了,其遺囑令眾人跌破眼
鏡。他沒有把財產留給親屬,而是用遺產設立了諾貝爾
獎,將獎項頒給「一年來為人類做出最大貢獻的人」。

據說,他是受到那篇提早到來的訃聞刺激,才決定這
麼做。[1]諾貝爾預先窺見自己的未來,對眼前的景象深感
後悔。他預測自己會產生這樣的遺憾,於是改變作法,加
以避免。

若說前兩章探討如何透過後照鏡檢視心中的遺憾,這
一章就是透過擋風玻璃去瞧一瞧後悔。後悔是溯及過去的
情緒,通常在我們回顧過往時誕生。但我們還是能夠預作
想像、先發制人,也就是眺望未來、預測將來可能發生的
後悔,依照預測調整行為。有時這能帶我們朝著正確的方
向前進,有時卻導致我們偏離正軌,但只要我們瞭解預知
後悔的利弊,就會更清楚如何制訂妥善的策略,進一步追

求美好人生。

預知後悔有什麼好處

杜克大學像大部分的大型研究機構一樣,設有為學生和教職員服務的龐大圖書館系統。而杜克大學圖書館也跟其他組織一樣,想要瞭解使用者和潛在使用者對其服務有何看法。以往杜克大學圖書館為了收集和評估意見,總會透過電子郵件向其服務的群體發送問卷。只是他們面臨一個千古不變的難題:大部分人都嫌麻煩,不願填寫。

於是,聰明的圖書館員想出一套計畫——我們可從這個簡單實驗,認識人們對後悔的預測。

二〇一六年,杜克大學圖書館將六千名大學生分成兩半:一半的學生收到的電子郵件問卷註明,填寫問卷並交回的人,可抽價值七十五美元的禮物卡。

另外三千名學生也收到填寫問卷的電子郵件,但規則改成**每個人**都有資格抽七十五美元的禮物卡,只不過要是主辦單位抽到你的名字,而你沒填寫問卷,就會失去領獎資格,由館方抽出其他領獎人。

哪一種抽獎方式的問卷填寫率較高?

結果差距極大。一週之內,第一組僅三分之一的學生填完問卷,第二組竟有高達三分之二的學生填完問卷。[2]

第一種抽獎法是傳統的樂透抽獎，第二種則是行為經濟學家所稱的「殘念樂透」（regret lottery）；殘念樂透顯示，預知後悔會改變人們的行為。

在一般的樂透抽獎中，人必須採取特定的行動才能參加。以杜克大學的實驗為例，就是填寫問卷並交回。如果我沒有行動，而其他人採取行動並中獎，我也許會有一絲悶悶不樂（假使不巧被我知道），但這種機率很低，我也沒投入太多情感，所以心情不會大受影響。

可是在殘念樂透中，我會用另一種角度去衡量決策是否正確。我知道要是主辦單位抽中我的名字，而我沒有填寫問卷，我會懊惱自責。我馬上可以在心中想像，自己抽中了獎品，卻因為愚蠢、懶惰或不努力，而讓到手的禮物卡飛了。如果我預測到自己會感覺很差，我會跟那三分之二的杜克大學「藍魔鬼」*一樣填完問卷。

殘念樂透的作法可在許多領域發揮效果，改變人類行為。[3]此時，人們產生與「損失規避」（loss aversion）類似的認知怪癖。一般而言，我們會覺得失去某樣東西而感受的痛苦，大於獲得相同物品的快樂，所以我們會想方設法規避損失（這種行為往往不理性）。俗話說：「失去比獲得讓人更有感。」[4]同理可知，當我們預測可能的情緒

---

*譯註：Blue Devils，杜克大學男子籃球隊的名稱，此處借指杜克大學的學生。

反應，後悔發生時的感受會比快樂來得強烈。後悔可能帶來的難受感，在許多情境中，都明顯大於獲得的快樂。

我們可以好好運用這一點。預測後悔顯示我們正在思考，我們用大腦當作煞車，騰出時間多收集一些資訊，思考過後，再決定如何行動。用預知後悔來對付無作為遺憾，效果特別好。

舉例來說，密蘇里大學的羅素・拉佛特（Russell Ravert）、華盛頓特區國立兒童醫院的琳達・傅（Linda Fu）和印第安納大學醫學院的葛瑞戈里・齊梅特（Gregory Zimet），在二〇二一年進行的研究指出，新冠肺炎疫情蔓延期間，預測年輕成年人是否會接受篩檢最有力的指標，是他們表示自己會因為沒採取行動而後悔，也就是擔心因為不篩檢，而將病毒意外傳給別人。[5] 同樣在二〇二一年，挪威卑爾根大學的卡塔琳娜・沃爾夫（Katharina Wolff）的研究發現，新冠肺炎疫苗的注射選擇也有類似效應。人們預測不注射疫苗可能危害自己和旁人，產生無作為遺憾；這股力量促使人們接種疫苗，甚至強過同儕和親人是否接種疫苗的決定。[6]

當我們預想，假使現在不採取適當行動，將來會很難過；這種模擬出來（而非實際體驗）的負面情緒，有助於提振表現。二〇一六年，一項針對八十一份研究、四萬五千六百一十八名參與者所做的整合分析發現，「許

多健康行為與預知後悔有關。」[7]例如，薩西克斯大學
（University of Sussex）的查爾斯・亞伯拉罕（Charles
Abraham）和雪菲爾大學（University of Sheffield）的帕斯
科・希倫（Paschal Sheeran）曾進行實驗。這項備受推崇
的英國研究指出，當受試者經過提示後，認同「往後兩週
未至少運動六次會後悔」的簡單概念，他們的實際運動次
數，就會明顯高於沒有想到會後悔的人。[8]

近十五年來，研究紛紛證實，預知後悔也會促使我
們：增加蔬果攝取量、[9]注射人類乳突病毒疫苗、[10]登記接
種流感疫苗、[11]戴保險套、[12]吸收更多健康資訊、[13]留意癌
症的早期徵兆、[14]謹慎駕駛、[15]做子宮頸篩檢、[16]戒菸、[17]
減少攝取加工食品[18]，甚至更認真做資源回收。[19]

預知後悔是方便我們判斷事情的一項工具。當你不確
定接下來該怎麼做，可以問一問自己：「如果我不做……
將來會不會後悔這個決定？」得出答案之後，再將其套用
至當前處境。這就是「訃聞派對」在一小群人們當中興
起，且愈來愈受歡迎的原因。人們在訃聞派對上，召喚出
心中的阿弗雷德・諾貝爾，親自撰寫自己的訃聞，作為餘
生參考指引。[20]這個啟發人心的概念也稱為「事前驗屍」
（pre-mortem）。組織內的團隊成員可運用這項管理技
巧，在投入專案前，先在心裡想像未來每一件事情都出了
狀況，發生極糟的情境，譬如超過截止期限、超出預算，

甚或沒有完成。再運用這些見解，來避免犯錯。[21]

　　若說有誰將這項技巧成功運用於工作和人生，成為預知後悔食物鏈裡的頂級掠食者，這個人非傑夫·貝佐斯（Jeff Bezos）莫屬。貝佐斯創辦了世上規模數一數二的大公司亞馬遜，因此名列全球富豪排行榜。他坐擁《華盛頓郵報》，還到外太空旅行。而大家都知道，面對人們最常誤解的情緒領域，貝佐斯的因應方式是「遺憾最小化架構」（Regret Minimization Framework）。

　　一九九〇年代初，貝佐斯在金融業工作時，構思出一間以新科技「全球資訊網」（World Wide Web）銷售書籍的公司。當貝佐斯告訴老闆他打算離開高薪的職位，老闆力勸貝佐斯先好好思考幾天，再決定是否一頭栽入。

　　身為受過專業訓練的電腦科學家，貝佐斯想用系統化的方法分析該如何決定——採取某種有助穩健決策的演算法。最後，他想出該怎麼做。二〇〇一年，他在接受訪問時解釋：

　　我預想自己八十歲時會說：「好，現在來回顧這一生。我希望自己盡可能減少遺憾。」我知道，等我八十歲時，我不會後悔踏出這嘗試的一步。我不會後悔曾經嘗試參與我認為會引起轟動的網際網路。我知道即使失敗我也不後悔，但我很清楚，若永遠不嘗試，就會留下遺憾。我知道這個念頭會每天糾纏著我。當我這樣想，做決定就變得非常簡單。[22]

貝佐斯預知自己可能會發生勇氣遺憾。為了避免這一切，他在當下便採取行動。「遺憾最小化架構」是貝佐斯想出的聰明辦法，我們也能運用這樣的心智模式。我們已經瞭解，預知後悔可以改善健康、幫助一個人成為億萬富翁、受到進行意見調查的大學圖書館員所青睞。這是強大的特效藥。

但請先閱讀服用警語。

預知後悔有什麼壞處

為了讓你瞭解預知後悔可能造成什麼不良後果，我要請你搭一趟地鐵、買一台微波爐、交換威力球彩券，並參加一場標準化測驗。

請想像現在是早晨的上班尖峰時段，你為了準時上班，快速奔向地下鐵車站。途中你的一條鞋帶鬆掉了，因為剛才趕著出門，鞋帶繫得很匆忙。你在人行道旁的空地停留了一分鐘繫鞋帶，再繼續趕路。抵達地鐵站時，你眼睜睜看著電車駛離。可惡！要是沒停下來重綁鞋帶，就能趕上車子。

你覺得這讓你錯過電車的一分鐘，會讓你多後悔？

再問一個相關問題：假如你停留了五分鐘而錯過電車，你會有多後悔？

哈佛大學的丹尼爾・吉伯特（Daniel Gilbert）曾帶領一組研究團隊，在麻州劍橋市的地鐵站進行這項實驗。大部分的人都會預估，停留一分鐘的後悔程度，遠超過停留五分鐘。但在現實生活中，兩種情況的後悔程度其實不相上下，而且差距一點也不明顯。

以預知後悔作為決策工具的問題是，我們非常不擅長預估情緒的強度和持續時間。[23]而且我們特別拙於預估後悔，往往高估自己會感受的負面情緒、低估自己以「至少心態」克服或安撫情緒的能力。吉伯特和同事寫道，預知的後悔「有一點像駭人惡鬼，想像中的樣子比實際上還要巨大」。我們就像老是誤報降雨機率的三腳貓氣象專家。因此，研究人員表示：「想要避免將來後悔的決策者，可能會付出代價，購買並不真的需要的情緒保險。」[24]

高估後悔還帶來另一項後果：讓我們看不清該如何決定。現在，假設你在月台等了一會兒，搭下一班電車趕到公司。這天早上你完成許多工作。午餐休息時間，走到附近的電器行，添購住處要用的桌上型微波爐。在與店員簡單討論一陣之後，你將微波爐選項縮減到兩個款式。

兩款微波爐的體積、功率、功能一模一樣，顯然機器本身並沒有什麼差別。不同之處只在於，第一款微波爐是知名品牌，第二款微波爐是雜牌產品。

第一款售價一百四十九美元；第二款售價一百零九美元。你會選擇哪一款？

史丹佛大學的伊塔瑪・賽門森（Itamar Simonson）從類似的實驗發現，兩種消費選擇的比例平分秋色。一半消費者選擇售價較高的大品牌，另一半則選較便宜的雜牌。

但賽門森接著拋出一道難題。他告訴消費者，決定之後會馬上告知獨立消費雜誌給兩款微波爐的評價。當人們意識到即將發生的情況，做消費選擇時就變得小心翼翼——選大品牌的人變多了（有三分之二）。人們預期，一般人都會選擇廣受認可的大品牌，假如自己一反常態，選擇跟別人不一樣的產品，並得知做錯選擇會使他們感覺比較後悔。[25]所以，為了不讓自己難受，消費者選擇打安全牌。他們不是想著如何做聰明的決定，而是想著怎樣比較不會後悔——這兩種選擇，有時並不一樣。

預知後悔有時會使我們偏離最佳選項，把我們導向最能避免後悔的那一邊。這件事，你將在走回辦公室的途中，再次體悟。

你離開電器行，花一美元買了一張明天晚上開獎、獎金八千萬美元的威力球彩券。我也在這個時候買了一張。我想跟你做個交易，用三美元跟你交換手中的彩券。

你會接受嗎？

你理應接受，但你絕對不會答應。

我們兩個人的彩券中獎機率是一樣的。假如你選擇跟我交換，你中威力球彩券的機率完全不變，就跟之前一樣，中獎機會微乎其微。可是此時你會多拿三美元，何樂而不為！

可是在實驗中，超過一半的人拒絕這樣的提議，因為大家馬上就聯想到，如果最後手中原本那張彩券中獎了，卻被你交換給別人，你該有多懊惱。[26]只有當某些實驗將彩券裝在未拆開的信封內，受試者看不見原來的號碼，也無從得知彩券之後中獎與否，才比較願意交換彩券。[27]

在威力球彩券和許多例子中，盡可能減少後悔並不等於盡可能降低風險。當我們未能妥善評估未來，就會變成只是盡可能減少後悔，而不是做風險最小的選擇，有時根本沒做任何決定。許多研究指出，規避後悔經常衍生決策嫌惡（decision aversion）的心態。[28]太專注於可能產生的後悔，會使人進退兩難，反而決定不做決定。同樣地，針對協商所做的研究也顯示了，過於強調預知的後悔，其實會妨礙進展。協商者因此厭惡風險，較難達成共識。[29]

好，現在你快要下班了，但責任還沒完。你是個很有上進心的人。一面工作，一面念書，想要考不動產經紀人證照。而今晚，是你第一次參加證照考試。你要在測驗中回答八十個單選題。

你大口灌下一杯咖啡，走進測驗教室，兩小時內要寫完考卷。過程進展順利，你逐題回答，將答案畫在填答卡上。此時，一個念頭閃過腦海。

「第二十三題我選B，但我現在覺得，C好像才是正確答案。」

你會回頭更改那一題，把原本的答案擦掉，用鉛筆畫上新的答案嗎？還是堅持最初的直覺？

不分教育程度，或專業訓練課程，專家都給了一致的見解。調查中，大學教授多半建議，你最好堅持最初的直覺，因為更改答案分數通常會變差。賓州州立大學的升學顧問一致認為：「第一直覺通常是對的，除非你非常確定改了會對，否則不要更換答案。」專門協助學生準備各式標準化測驗的《普林斯頓評論》（*Princeton Review*）警告：「多數時候，最好跟隨直覺，避免過度思考答案。很多改答案的學生，最後都把對的答案改成了錯的！」[30]

顯然傳統觀念認為，要堅持直覺，不要改答案。

但這樣的傳統觀念是錯的。針對此主題所做的研究，幾乎全都顯示，如果學生更改試卷答案，改對（太棒了！）的機率，比改錯（糟糕！）的機率高出許多。更改答案的學生，分數通常會提高。[31]

既然更改答案才是對的決定，為何大家還是叫你不要改答案？

因為，預知後悔會扭曲我們的判斷力。

二〇〇五年，現任職紐約大學的社會心理學家賈斯汀‧克魯格（Justin Kruger）曾與現任職英屬哥倫比亞大學的德瑞克‧沃茲（Derrick Wirtz）、史丹佛大學的戴爾‧米勒（Dale Miller）一同主持實驗。他們在克魯格和沃茲當時任教的伊利諾大學，針對一千五百多場心理學考試，比較學生擦掉並更改答案的結果。實驗結論和先前的研究一致。他們發現，改對是改錯機率的兩倍。

然而，當研究人員詢問學生，他們預料哪一種選擇會引發較強烈的後悔感——「該維持答案卻更改」或「該更改答案卻維持」，學生的回答說明了一切。七成四的學生表示改答案會比較後悔。兩成六表示沒有差別。沒有任何學生覺得維持原先的答案會比較後悔。

克魯格、沃茲、米勒稱此為「直覺謬誤」（first instinct fallacy）。當預知的後悔與實際狀況有所差距，直覺謬誤的情形會更嚴重。他們寫道：「不相信直覺而答錯的記憶，比相信直覺而答錯更加深刻。該維持答案卻改錯的後悔感，會使答錯慘上加慘。」[32]一旦被「要是心態」的幽魂纏上，會使人做錯決定，你和我都不例外。結果是，這一次你沒更改答案，所以沒通過考試，必須再考一次。要是你早一點得知這份研究的結論就好了。

　　預料到會後悔，往往能令人進步。但就如你度過這多事的一天所示，服下這帖良藥前，請閱讀以下標籤：

警告

預知後悔可能致人

決策癱瘓、風險嫌惡、直覺謬誤、考試成績不佳。

　　預知後悔是帶有某些危險副作用的普世妙方，但問題不止於此。

　　這一章前面提到的炸藥大亨預知自己將後悔，設立了諾貝爾獎；目前為止，這個獎項共有近千名得主。其中一位，社會科學大師司馬賀（Herbert Simon），曾在卡內基美隆大學任教五十年，其學術成就橫跨諸多領域，包括政治科學、認知心理學和人工智慧，但他最偉大的貢獻，或許是促使經濟學分析納入「人類」這項因素。

　　在司馬賀產出有貢獻的研究之前，主流經濟學模型假定，人們在決定時擁有穩定不變的偏好和一切所需的資訊，因此總是努力追求最佳結果。在任何情境、任何時間，我們都試圖以可能的最低價格購物、最高的價格販售，堅持收益最大化。

　　司馬賀說服經濟學專家，這樣的假設雖然在某些情境

248

下成立，卻並非始終正確。人們有時會改變偏好。受到各種因素的影響，我們經常無法掌握理想決策所需的適當資訊，而且在人生每一個環節都追求最有利的交易，是非常累人的事。許多時候，我們並不是那麼在意自己是否找出最佳選項（找來最厲害的屋頂工人、吃到美味無比的速食漢堡），我們願意接受夠好就好。

司馬賀解釋，我們有時追求最大效益，其他時候則追求「令人滿足」的結果。[33]假使如此，經濟學模型勢必要隨之更改；最後人類行為的分析證明了這項論點，經濟學模型也確實更改了。一九七八年，司馬賀以此研究獲頒諾貝爾經濟學獎。

心理學家許久之後才開始探討，司馬賀的兩種決策途徑，會帶給人們怎樣的情緒感受。終於在二○○二年，以斯沃斯莫爾學院（Swarthmore College）的貝瑞·史瓦茲和安德魯·沃德（Andrew Ward）為首的六位社會科學家，開發出一份評量「最大化或滿足傾向」的人格量表。他們透過十七個問題，找出哪些人追求理想標準（最大化者，maximizer），哪些人較常選擇接受達到門檻即可（滿足者，satisficer）。

將最大化量表運用於一千七百多名受試者後，他們進一步運用評估結果，來衡量受試者的幸福程度。研究人員得出驚人的發現。選擇最大化的人大多過得很痛苦，「比起選擇滿足即可的人」，最大化者的「生活滿意度、快樂感、樂觀程度低很多」，抑鬱感也強烈得多。[34]

科學家嘗試解釋造成他們不快樂的源頭，並且找到了罪魁禍首：「最大化者對實際體驗與預知後悔的感知力比較高。」最大化者在選擇前、選擇過程、選擇後的每一個階段，都產生後悔感。不論身處何種情境，他們總是想像，要是改變作法，結果可能會更好。[35]但是在這種向上反事實思維所衍生的後悔，無法釋放具有生產力的後悔：**感覺促成思考**。它會使人陷入後悔的匿思：**感覺是為了感覺**。他們在每一個環節追求最大化的快樂，卻把幸福幾乎統統砸碎。

於是衍生出一個問題。貝佐斯的遺憾最小化架構裡有一根晃動不穩的橫梁——不斷預測並將後悔最小化，可能演變成不利健康的最大化行為。時時刻刻在每個領域運用這套架構，會招來絕望。

那麼，要如何協調這些互相衝突的水流——善用預知的後悔，卻不被它的暗流困住呢？

解決之道就是把心思放在我們渴望的事物之上。

最棒的遺憾

不要想著盡可能減少後悔，目標應該放在讓它成為**最棒的遺憾**。我們現在已經瞭解後悔的深層結構，將之與預知後悔的科學結合，就能提升我們的心智模式。

姑且稱之為「遺憾最佳化架構」（Regret Optimization Framework）。

這套修正過的架構建立於四大原則：

- 許多情境下，預知後悔可引導出更健康的行為、更明智的職業選擇，並增添快樂。
- 但是當我們去預測後悔，我們經常高估後悔的程度而付出代價，去交換並不真的需要的情緒保險，進而影響決策判斷力。
- 如果做得太過分（將最小化架構放到最大），甚至會使情況更糟。
- 此外，全世界的人一致表達相同的四種核心遺憾。這些遺憾會跟著我們很久，顯示人們的基本需求。綜觀來看，四種核心遺憾為我們指引通往美好人生的路徑。

遺憾最佳化架構的要義是，我們要將時間和精力投注於預測四種核心遺憾——根基遺憾、勇氣遺憾、道德遺憾、人際遺憾。不屬於這四個類型的遺憾，通常就不值得預先深究。

因此，根據遺憾最佳化架構，在我們要決定行動方針時，先問一問自己面對的是不是四種核心遺憾。

如果不是，滿足就好。假設你要買庭園家具或（再買）一台微波爐，那樣的決定不可能牽涉到長久的基本人類需求。做出選擇，並向前看。你會沒事的。

如果這個決定牽涉到四種核心遺憾，多花點時間好好思考。將自己投入未來的時空，例如五年後、十年後、八十歲時，或將來任何有意義的時間點。站在未來的優勢位置，自問怎樣的選擇才能站穩腳跟，讓你在合理範圍內冒一點險、做對的事、維繫有意義的人際關係。請預測這一類的遺憾，選擇最能減少這類遺憾的作法。用上幾次，你就能看出遺憾最佳化架構的力量。

我們每一天都會在生活中遇到千百種選擇，有些與我們的幸福感息息相關，有很多其實無足輕重。瞭解箇中差異，將大大提升你的幸福感。當我們瞭解自己真正的遺憾，便能看清自己真正重視的人事物。後悔是使人惱怒、茫然無措又貨真價實的情緒。儘管如此，後悔仍可指引我們活出有意義的人生。

回顧：如何處理後悔

有作為遺憾

1. **消弭遺憾**：道歉、修正或嘗試彌補傷害。
2. **發揮「至少心態」**：尋找雲縫間透出的一絲曙光，思考情況可能如何變得更糟，對於未發生那種狀況心存感激。

任何遺憾（不論有無作為）

1. **自我揭露**：對別人說出你的悔恨（承認就沒事了），或私下寫給自己看，回想並將其放下。
2. **自我同理**：用幫助朋友的相同方式對待自己，拿出平常心，淡化後悔。
3. **自我抽離**：利用時間、空間或語言，拉開與後悔的距離，分析從後悔學到的教訓，並找出自己的因應策略。

在決策過程運用預知的遺憾

1. **大部分的決定，滿足就好。**如果你面對的**不是四種核心遺憾**，請做出選擇，別事後批評自己。讓事情過去就好，往前看。

2. **重大決定最大化**。如果你面對的**正是**四種核心遺憾，請將自己投入某個未來時空，問自己哪個選擇最能幫助你奠定良好的根基、冒合理的風險、做對的事，或者維繫人際關係。

「我後悔沒有更勇敢一點，多做點什麼，去維護我們的民主精神！」

女性，八十二歲，賓州

//

「我後悔沒有對別人好一點。我太常在意事情的『對錯』，沒有多一點仁慈之心。」

男性，四十一歲，英國

//

「我後悔沒去聽王子（Prince）的演唱會，因為隔天要上班。面對一堆隔天要上班的日子和唯一的王子，這真是愚蠢的決定。」

女性，五十八歲，科羅拉多州

遺憾與救贖

　　起初檢視「美國人遺憾調查計畫」的資料時，我被兩個互為一對的概念所困擾，深陷其中。

　　我記得，體驗後悔的先決條件是能動性（agency）。一個人必須至少要有一定的能力，足以掌控人生的某些面向，才會感覺到後悔。我想知道我的取樣對象是否感覺能掌控自己的選擇和行為，也就是，他們是否相信自己擁有自由意志？抑或相信自己其實並無掌控權，相信人生是在一張更大的藍圖下展開，個人無法左右人生的方向。

　　於是我提出兩個問題。

　　我問四千四百八十九名應答者：你相信人有自由意

志，多數的決定和選擇都掌握在自己手中嗎？

　　絕大多數（八二％）的人回答「相信」。

　　個人能動性（personal agency）拿下一分。

　　我又在問卷的其他地方問：你相信人生遭遇多半其來有自嗎？

　　這次也一樣，絕大多數（七八％）的人回答「相信」。

　　命運拿下一分。

　　在此宣布，這場比賽雙方戰成平手，我的腦袋也打成一個結。

　　我將兩個問題的回答擺在一起檢視，結果真是令人想不通。竟然只有五％的人，兩個問題都回答「不相信」。他們表示自由意志不存在，事情的發生也沒來由。我將這一小群人稱為**虛無主義者**（nihilist）。

　　另外，有一〇％的人相信自己能施展自由意志，不認為事情的發生其來有自。我將這群人稱為**個人主義者**（individualist）。也有一〇％的人持相反意見，表示自由意志是毫無根據的概念，每件事情的發生，都有其源頭可循。我將他們稱為**宿命論者**（fatalist）。

　　但是最大宗的一群人（四分之三的美國應答者）兩個問題都回答「相信」，認為自己擁有自由意志，且多數事件的發生其來有自。他們抱持的這兩種信念似乎互相牴觸。

要如何定義這令人不解的一群填答者呢？

我想了一陣子。經過深思熟慮，我決定稱呼這一群人為……**人類**。

若說後悔是一輛車子，掀開引擎蓋，你會看見，說故事是這輛車的動力引擎。體驗後悔的能力來自於想像力，你要回到過去、重寫事件、打造比舊劇本更美好的結局。因應後悔、善用後悔的長久能力，關乎我們的敘事技巧——包括揭露故事、分析組成要素，一遍一遍用心編織人生的下一章節。

既然說故事是後悔的重要環節，由此便衍生了一個問題：我們是創作故事的人，還是故事角色？是劇作家，還是演員？

我替問卷調查設計的這兩個邏輯完美的問題，應答者們給了看似矛盾、使人摸不著頭緒的人類式回答，他們說，人身兼兩個不同角色。若人生是說給自己聽的故事，那麼後悔提醒我們，其實我們身兼二角。我們既是劇作家，也是演員。我們可以編寫劇情，又無法全然作主。我們可以把劇本暫時扔到一邊，但不可能永遠丟掉。我們活在自由意志和機遇的交叉路口。

西北大學心理學家丹・麥亞當斯（Dan McAdams）很早就指出，人們透過故事來塑造身分認同。根據麥亞當斯的研究，賦予存在意義的過程中，有兩種典型的敘事歷程在互相爭奪主導地位。一種是讓事件由好轉壞的「污染化歷程」（contamination sequence），一種是讓事件由壞轉好的「救贖化歷程」（redemption sequence）。[1]

麥亞當斯發現，透過污染化敘事歷程來建構身分認同的人，通常對個人生活不滿，工作表現也不盡理想。採取救贖化敘事歷程的人則相反，他們通常對人生比較滿意，也比較有成就，認為人生具有意義。

後悔帶我們經歷的是終極的救贖化敘事。它和所有正面情緒一樣，擁有強大的力量和肯定效果。只不過，它會帶著偽裝來敲我們的大門。

問一問雪柔，就知道了。

她和好朋友簡恩失聯多年，這份埋藏心中多年的遺憾始終糾纏著她。於是，二〇二一年五月，她拋開心中的尷尬，決定寄封電子郵件和簡恩聯絡。

信中這樣起頭：「我猜妳這麼多年後再收到我的消息，可能會覺得很奇怪。」

雖然兩人二十五年沒聯絡了，簡恩收到信之後，不到幾小時就馬上回信。兩個老朋友後來決定要透過視訊，對著螢幕一起吃午餐，聯絡一下感情。

雪柔在那次視訊午餐後告訴我：「我終於開口對她說我知道自己做錯了。也告訴她，我們原本可以共度許多年的美好時光，結果都浪費掉了，我很後悔。」

簡恩怎麼說呢？

「但我們還有很多年可以把握啊。」

透過回顧，引領自己往前走，把握所能把握的，將無法掌握的因素放到一旁，創造屬於自己的救贖故事。若能從這樣的角度思考心中的遺憾，就能從後悔中解脫自在。

我有親身經驗。

我非常後悔年輕時沒有對別人好一點。我不確定背後是否有原因，只知道和過往的經歷有關。現在的我儘管無法時時做到，但我嘗試將仁慈放在更優先的位置。

我也很後悔有過幾次不太正直的行為。雖然不是什麼大錯，卻深深烙印在我的腦海，無法忘懷。現在的我，努力做對的事，試著避免增添更多的心理負擔。

我對自己的某些學業和職業選擇感到後悔。但如今，我比較少為了這些錯誤氣惱，而是利用學到的教訓，指引往後的人生方向，並提供他人實用的建議。

我後悔沒有和良師益友、職場同事維持更緊密的關係。現在我努力主動與他人交流。

我後悔沒有多冒一點險，發揮創業家的精神和創意，沒有根據自己的優勢、順從內心的渴望，嘗試一些大膽舉動。所以接下來……請拭目以待！

後悔是最受人誤解的情緒。這幾年，我潛心研究了相關科學並親身體驗，我發現我的經歷和其他人並無不同。

後悔使我成為一個完整的人。後悔讓我變得更好。後悔給了我希望。

致謝

我當然不後悔有這麼多了不起的人支持我。我由衷感謝以下人士：

傑克‧莫瑞希（Jake Morrissey）針對本書架構的調整，提供了聰明有智慧（且不可或缺）的意見，他的見解令這本文句平凡無奇的書增色不少。在這個全球疫情蔓延的黑暗時刻，能夠與他定期討論，總是為我帶來一絲希望的曙光。

要謝謝河源出版社（Riverhead Books）的團隊，尤其是艾許麗‧賈蘭（Ashley Garland）、莉迪亞‧賀特（Lydia Hirt）、喬夫‧克羅斯克（Geoff Kloske）、

珍·迪林·馬汀（Jynne Dilling Martin）、愛希莉·薩頓（Ashley Sutton），謝謝你們為所有的「品克」著作勞心勞力。

雷夫·薩葛林（Rafe Sagalyn）是非常優秀的文學經紀人。謝謝你為本書，以及二十五年來我們合作的每一本書，提供英明睿智的忠告。

謝謝參與世界遺憾調查的一萬六千位填答者、參與美國人遺憾調查的近五千位意見提供者，以及超過一百位願意坐下來（主要透過視訊），藉由訪談講述心中（至深）遺憾的人們。

約瑟夫·辛森（Joseph Hinson）、奈森·托倫斯（Nathan Torrence）、喬許·甘迺迪（Josh Kennedy），以及Qualtrics的工作人員，謝謝你們打造「世界遺憾調查」這個功能強大、易於使用的平台。

謝謝弗瑞德·寇夫曼（Fred Kofman）在我的心智之車停擺時，刻意撼動我的想法，為這輛發不動的車子接上電。

卡麥隆·弗蘭奇（Cameron French）再次為我的著作查核事實、挑除無事實根據的內容，你就像一把提供各種研究技巧的瑞士萬用小刀。

譚雅·梅伯羅達（Tanya Maiboroda），謝謝妳在接受不怎麼樣的指導下，再次為我的書籍製作一流的圖表。

蘇菲亞・品克（Sophia Pink），妳的量化研究技巧更上層樓了。謝謝妳替我從渾沌的資料堆挖掘出耀眼的珍貴洞見。

剛從大學和高中畢業的伊莉莎・品克（Eliza Pink）和梭爾・品克（Saul Pink），你們以自己為例，強力證明，人在時局欠佳之際，仍能堅持到底。

潔西卡・勒納（Jessica Lerner），謝謝妳的一切付出。

註釋

第1章　「無悔」是阻撓人生的廢話

1. 這段描述出自兩本琵雅芙的傳記（Burke, Carolyn. *No regrets: The life of Edith Piaf*. London: A&C Black, 2012; Noli, Jean. *Edith Piaf: Trois ans pour mourir*. Pocket Presses, 1978）以及二〇〇三年查理‧杜蒙的專訪（Lichfield, John. "Charles Dumont: Regrets? Too few to mention." *The Independent*, October 9, 2003）。

2. Heldenfels, Richard. "TV mailbag: What's the song in the Allstate commercial?" *Akron Beacon Journal*, October 8, 2020; Wilder, Ben. "New Allstate commercial–actors, location, and music." *Out of the Wilderness*, December 13, 2020. 可至https://outofthewilderness.me/2020/11/08/allstate/.

3. Peale, Norman Vincent. "No room for regrets." *Guideposts*, December 10, 2008; Wolf, Richard. "Ruth Bader Ginsburg, in her 'own words.'" *USA Today*, October 3, 2016; Blair, Gwenda. "How Norman Vincent Peale taught Donald Trump to worship himself." *Politico Magazine*, October 6, 2015; Vecsey, George. "Norman Vincent Peale, preacher of gospel

optimism, dies at 95." *New York Times*, December 26, 1993; Greenhouse, Linda. "Ruth Bader Ginsburg, Supreme Court's feminist icon, is dead at 87." *New York Times*, September 18, 2020.

4. Chen, Joyce. "Angelina Jolie wrote foreword to ex-husband Billy Bob Thornton's new memoir." *New York Daily News*, February 23, 2012; Robhemed, Natalie. "Laverne Cox on breaking down barriers in Hollywood and beyond." *Forbes*, May 13, 2016; Feloni, Richard. "Tony Robbins reveals what he's learned from financial power players like Carl Icahn and Ray Dalio." *Business Insider*, November 18, 2014; Elliot, Paul. "Slash: A decade of drugs was not money well spent." *Classic Rock*, June 12, 2015. 哎呀，我找不到巴布・狄倫和約翰・屈伏塔說這句話的原始出處，但他們的話有很多人引述，而且據我所知確有其事。（參見https://www.reddit.com/r/quotes/comments/bdtnn5/i_dont_believe_in_regrets_regrets_just_keep_you/）

5. https://catalog.loc.gov.

6. Liszewski, Walter, Elizabeth Kream, Sarah Helland, Amy Cavigli, Bridget C. Lavin, and Andrea Murina. "The demographics and rates of tattoo complications, regret, and unsafe tattooing practices: A cross-sectional study." *Dermatologic Surgery* 41, no. 11 (2015): 1283–89; Kurniadi, Ivan, Farida Tabri, Asnawi Madjid, Anis Irawan Anwar, and Widya Widita. "Laser tattoo removal: Fundamental principles and practical approach." *Dermatologic Therapy* (2020): e14418; Harris Poll. "Tattoo takeover: Three in ten Americans have tattoos, and most don't stop at just one." February 10, 2016. 可至https://bit.ly/35UIndU; Leigh, Harri. "Tattoo removal revenue about to hit record." *Lehigh Valley Public Media*, October 16, 2018; Allied Market Research. "Tattoo removal market size: Industry forecast by 2027." October 2020. 可至https://www.alliedmarketresearch.com/tattoo-removal-market; Ellison, Katherine. "Getting his tattoo took less than 20 minutes. Regret set in within hours." *Washington Post*, May 31, 2020.

7. Markowitz, Harry. "Portfolio selection." *Journal of Finance* 7 (1952): 77–91; Markowitz, Harry "Foundations of portfolio theory." *Journal of Finance* 46, no. 2 (1991): 469–77.

8. Forgeard, M. J. C., and M. E. P. Seligman. "Seeing the glass half full: A review of the causes and consequences of optimism." *Pratiques Psychologiques* 18, no. 2 (2012): 107–120; Rasmussen, Heather N.,

Michael F. Scheier, and Joel B. Greenhouse. "Optimism and physical health: A meta-analytic review." *Annals of Behavioral Medicine* 37, no. 3 (2009): 239–56.

9. Lyubomirsky, Sonja, Laura King, and Ed Diener. "The benefits of frequent positive affect: Does happiness lead to success?" *Psychological Bulletin* 131, no. 6 (2005): 803.

10. 參見Ford, Brett Q., Phoebe Lam, Oliver P. John, and Iris B. Mauss. "The psychological health benefits of accepting negative emotions and thoughts: Laboratory, diary, and longitudinal evidence." *Journal of Personality and Social Psychology* 115, no. 6 (2018): 1075.

第2章　後悔乃人之常情

1. Greenberg, George, and Mary FitzPatrick. "Regret as an essential ingredient in psychotherapy." *The Psychotherapy Patient* 5, no. 1–2 (1989): 35–46.

2. Bell, David E. "Reply: Putting a premium on regret." *Management Science* 31, no. 1 (1985): 117–22.

3. Guthrie, Chris. "Carhart, constitutional rights, and the psychology of regret." *Southern California Law Review* 81 (2007): 877, citing Hampshire, Stuart. "Thought and action." (1959).

4. Guttentag, Robert, and Jennifer Ferrell. "Reality compared with its alternatives: Age differences in judgments of regret and relief." *Developmental Psychology* 40, no. 5 (2004): 764. 亦參見Uprichard, Brian, and Teresa McCormack. "Becoming kinder: Prosocial choice and the development of interpersonal regret." *Child Development* 90, no. 4 (2019): e486–e504.

5. Gautam, Shalini, Thomas Suddendorf, Julie D. Henry, and Jonathan Redshaw. "A taxonomy of mental time travel and counterfactual thought: Insights from cognitive development." *Behavioural Brain Research* 374 (2019): 112108; Burns, Patrick, Kevin J. Riggs, and Sarah R. Beck. "Executive control and the experience of regret." *Journal of Experimental Child Psychology* 111, no. 3 (2012): 501–15.（這份資料提到：「後悔發展較晚……是因為心智必須同時執行記住和比較現實雙重表徵的工作。」）

6. O'Connor, Eimear, Teresa McCormack, and Aidan Feeney. "The

development of regret." *Journal of Experimental Child Psychology* 111, no. 1 (2012): 120–27; McCormack, Teresa, Eimear O'Connor, Sarah Beck, and Aidan Feeney. "The development of regret and relief about the outcomes of risky decisions." *Journal of Experimental Child Psychology* 148 (2016): 1–19; O'Connor, Eimear, Teresa McCormack, Sarah R. Beck, and Aidan Feeney. "Regret and adaptive decision making in young children." *Journal of Experimental Child Psychology* 135 (2015): 86–92.

7. McCormack, Teresa, and Aidan Feeney. "The development of the experience and anticipation of regret." *Cognition and Emotion* 29, no. 2 (2015): 266–80.

8. Rafetseder, Eva, Maria Schwitalla, and Josef Perner. "Counterfactual reasoning: From childhood to adulthood." *Journal of Experimental Child Psychology* 114, no. 3 (2013): 389–404; Guttentag, Robert, and Jennifer Ferrell. "Children's understanding of anticipatory regret and disappointment." *Cognition and Emotion* 22, no. 5 (2008): 815–32; Habib, Marianne, M. Cassotti, G. Borst, G. Simon, A. Pineau, O. Houdé, and S. Moutier. "Counterfactually mediated emotions: A developmental study of regret and relief in a probabilistic gambling task." *Journal of Experimental Child Psychology* 112, no. 2 (2012): 265–74.

9. Camille, Nathalie, Giorgio Coricelli, Jerome Sallet, Pascale Pradat-Diehl, Jean-René Duhamel, and Angela Sirigu. "The involvement of the orbitofrontal cortex in the experience of regret." *Science* 304, no. 5674 (2004): 1167–70. 亦參見Coricelli, Giorgio, Hugo D. Critchley, Mateus Joffily, John P. O'Doherty, Angela Sirigu, and Raymond J. Dolan. "Regret and its avoidance: A neuroimaging study of choice behavior." *Nature Neuroscience* 8, no. 9 (2005): 1255–62.（這份資料指出，未來可能發生的後悔及預料到的後悔，會觸動相同的神經迴路）; Ursu, Stefan, and Cameron S. Carter. "Outcome representations, counterfactual comparisons and the human orbitofrontal cortex: Implications for neuroimaging studies of decision-making." *Cognitive Brain Research* 23, no. 1 (2005): 51–60.

10. Solca, Federica, Barbara Poletti, Stefano Zago, Chiara Crespi, Francesca Sassone, Annalisa Lafronza, Anna Maria Maraschi, Jenny Sassone, Vincenzo Silani, and Andrea Ciammola. "Counterfactual thinking deficit in Huntington's disease." *PLOS One* 10, no. 6 (2015): e0126773.

11. McNamara, Patrick, Raymon Durso, Ariel Brown, and A. Lynch.

"Counterfactual cognitive deficit in persons with Parkinson's disease." *Journal of Neurology, Neurosurgery, and Psychiatry* 74, no. 8 (2003): 1065–70.

12. Contreras, Fernando, Auria Albacete, Pere Castellví, Agnès Caño, Bessy Benejam, and José Manuel Menchón. "Counterfactual reasoning deficits in schizophrenia patients." *PLOS One* 11, no. 2 (2016): e0148440; Hooker, Christine, Neal J. Roese, and Sohee Park. "Impoverished counterfactual thinking is associated with schizophrenia." *Psychiatry* 63, no. 4 (2000): 326–35.（精神疾病患者會對已經發生的事後悔，但其決定似乎不受未來可能發生的後悔所影響）; Baskin-Sommers, Arielle, Allison M. Stuppy-Sullivan, and Joshua W. Buckholtz. "Psychopathic individuals exhibit but do not avoid regret during counterfactual decision making." *Proceedings of the National Academy of Sciences* 113, no. 50 (2016): 14438–43.

13. Tagini, Sofia, Federica Solca, Silvia Torre, Agostino Brugnera, Andrea Ciammola, Ketti Mazzocco, Roberta Ferrucci, Vincenzo Silani, Gabriella Pravettoni, and Barbara Poletti. "Counterfactual thinking in psychiatric and neurological diseases: A scoping review." *PLOS One* 16, no. 2 (2021): e0246388.

14. Gilovich, Thomas, and Victoria Husted Medvec. "The temporal pattern to the experience of regret." *Journal of Personality and Social Psychology* 67, no. 3 (1994): 357. 亦參見Zeelenberg, Marcel, and Rik Pieters. "A theory of regret regulation 1.0." *Journal of Consumer Psychology* 17, no. 1 (2007): 3–18.（「其他負面情緒都有可能起因於沒有選擇，但後悔不可能。」）; Hammell, C., and A. Y. C. Chan. "Improving physical task performance with counterfactual and prefactual thinking." *PLOS One* 11, no. 12 (2016): e0168181. https://doi.org/10.1371/journal.pone.0168181.

15. Landman, Janet. *Regret: The persistence of the possible.* New York: Oxford University Press, 1993, 47.

16. Zeelenberg, Marcel, and Rik Pieters. "A theory of regret regulation 1.0." *Journal of Consumer Psychology* 17, no. 1 (2007): 3–18.

17. Fleming, Eleanor B., Duong Nguyen, Joseph Afful, Margaret D. Carroll, and Phillip D. Woods. "Prevalence of daily flossing among adults by selected risk factors for periodontal disease—United States, 2011–2014." *Journal of Periodontology* 89, no. 8 (2018): 933–39; Sternberg, Steve.

"How many Americans floss their teeth?" *U.S. News and World Report*, May 2, 2016.

18. Shimanoff, Susan B. "Commonly named emotions in everyday conversations." *Perceptual and Motor Skills* (1984).

19. Saffrey, Colleen, Amy Summerville, and Neal J. Roese. "Praise for regret: People value regret above other negative emotions." *Motivation and Emotion* 32, no. 1 (2008): 46–54.

20. Bjälkebring, Pär, Daniel Västfjäll, Ola Svenson, and Paul Slovic. "Regulation of experienced and anticipated regret in daily decision making." *Emotion* 16, no. 3 (2016): 381.

21. Morrison, Mike, and Neal J. Roese. "Regrets of the typical American: Findings from a nationally representative sample." *Social Psychological and Personality Science* 2, no. 6 (2011): 576–83.

22. Gilovich, Thomas, and Victoria Husted Medvec. "The experience of regret: What, when, and why." *Psychological Review* 102, no. 2 (1995): 379.

23. Langley, William. "Edith Piaf: Mistress of heartbreak and pain who had a few regrets after all." *The Daily Telegraph*, October 13, 2013.

第3章 「至少」與「要是」心態

1. Roese, Neal J., and Kai Epstude. "The functional theory of counterfactual thinking: New evidence, new challenges, new insights." In *Advances in experimental and social psychology*, vol. 56, 1–79. Academic Press, 2017.

2. Medvec, Victoria Husted, Scott F. Madey, and Thomas Gilovich. "When less is more: Counterfactual thinking and satisfaction among Olympic medalists." *Journal of Personality and Social Psychology* 69, no. 4 (1995): 603. (此研究也觀察一九九四年紐約帝國州立運動會的獎牌得主。)

3. Maxwell, Scott E., Michael Y. Lau, and George S. Howard. "Is psychology suffering from a replication crisis? What does 'failure to replicate' really mean?" *American Psychologist* 70, no. 6 (2015): 487; Yong, Ed. "Psychology's replication crisis is running out of excuses." *The Atlantic*, November 19, 2018.

4. Matsumoto, David, and Bob Willingham. "The thrill of victory and the agony of defeat: Spontaneous expressions of medal winners of the 2004 Athens Olympic Games." *Journal of Personality and Social Psychology*

91, no. 3 (2006): 568.

5. Hedgcock, William M., Andrea W. Luangrath, and Raelyn Webster. "Counterfactual thinking and facial expressions among Olympic medalists: A conceptual replication of Medvec, Madey, and Gilovich's (1995) findings." *Journal of Experimental Psychology: General* (2020). （實際表現比預期好的人也笑得比較開懷。實驗始終得出相同的有力結果，但有一份研究主張，由於銀牌得主心中的期待比銅牌得主高，所以更有可能失望。）; McGraw, A. Peter, Barbara A. Mellers, and Philip E. Tetlock. "Expectations and emotions of Olympic athletes." *Journal of Experimental Social Psychology* 41, no. 4 (2005): 438–46.（另一份研究發現，銀牌和銅牌得主的表情差不多，但銀牌得主在受訪時較常展現反事實思維。）; Allen, Mark S., Sarah J. Knipler, and Amy Y. C. Chan. "Happiness and counterfactual thinking at the 2016 Summer Olympic Games." *Journal of Sports Sciences* 37, no. 15 (2019): 1762–69.

6. "Emma Johansson tog OS-silver i Rio." *Expressen Sport*, August 7, 2016. 可至https://www.expressen.se/sport/os-2014/emma-johansson-tog-os-silver-i-rio/.

7. Zeelenberg, Marcel, and Rik Pieters. "A theory of regret regulation 1.0." *Journal of Consumer Psychology* 17, no. 1 (2007): 3–18; Roese, Neal J., and Taekyun Hur. "Affective determinants of counterfactual thinking." *Social Cognition* 15, no. 4 (1997): 274–90; Nasco, Suzanne Altobello, and Kerry L. Marsh. "Gaining control through counterfactual thinking." *Personality and Social Psychology Bulletin* 25, no. 5 (1999): 557–69.

8. Summerville, Amy, and Neal J. Roese. "Dare to compare: Fact-based versus simulation-based comparison in daily life." *Journal of Experimental Social Psychology* 44, no. 3 (2008): 664–71.

9. Teigen, Karl Halvor, and Tine K. Jensen. "Unlucky victims or lucky survivors? Spontaneous counterfactual thinking by families exposed to the tsunami disaster." *European Psychologist* 16, no. 1 (2011): 48.

10. 參見FitzGibbon, Lily, Asuka Komiya, and Kou Murayama. "The lure of counterfactual curiosity: People incur a cost to experience regret." *Psychological Science* 32, no. 2 (2021): 241–55.

第4章　後悔如何帶領我們更上層樓？

1. Ku, Gillian. "Learning to de-escalate: The effects of regret in escalation of

commitment." *Organizational Behavior and Human Decision Processes* 105, no. 2 (2008): 221–32.

2. Kray, Laura J., and Michele J. Gelfand. "Relief versus regret: The effect of gender and negotiating norm ambiguity on reactions to having one's first offer accepted." *Social Cognition* 27, no. 3 (2009): 418–36.

3. Galinsky, Adam D., Vanessa L. Seiden, Peter H. Kim, and Victoria Husted Medvec. "The dissatisfaction of having your first offer accepted: The role of counterfactual thinking in negotiations." *Personality and Social Psychology Bulletin* 28, no. 2 (2002): 271–83.

4. Kray, Laura J., Adam D. Galinsky, and Keith D. Markman. "Counterfactual structure and learning from experience in negotiations." *Journal of Experimental Social Psychology* 45, no. 4 (2009): 979–82.

5. Reb, Jochen. "Regret aversion and decision process quality: Effects of regret salience on decision process carefulness." *Organizational Behavior and Human Decision Processes* 105, no. 2 (2008): 169–82. 亦參見 Smallman, Rachel, and Neal J. Roese. "Counterfactual thinking facilitates behavioral intentions." *Journal of Experimental Social Psychology* 45, no. 4 (2009): 845–52.

6. Galinsky, Adam D., and Gordon B. Moskowitz. "Counterfactuals as behavioral primes: Priming the simulation heuristic and consideration of alternatives." *Journal of Experimental Social Psychology* 36, no. 4 (2000): 384–409. 亦參見Epstude, Kai, and Kai J. Jonas. "Regret and counterfactual thinking in the face of inevitability: The case of HIV-positive men." *Social Psychological and Personality Science* 6, no. 2 (2015): 157–63.（被診斷HIV陽性的男性，幸福感會因後悔而下降，但因此更注重安全性行為。）

7. Meldrum, Helen Mary. "Reflecting or ruminating: Listening to the regrets of life science leaders." *International Journal of Organization Theory and Behavior* (2021).

8. Schwartz, Barry. *The paradox of choice: Why more is less*. New York: Ecco, 2004.（中文版《只想買條牛仔褲：選擇的弔詭》，天下雜誌，二〇〇四年出版）

9. O'Connor, Eimear, Teresa McCormack, and Aidan Feeney. "Do children who experience regret make better decisions? A developmental study of the behavioral consequences of regret." *Child Development* 85, no. 5 (2014): 1995–2010.

10. Markman, Keith D., Matthew N. McMullen, and Ronald A. Elizaga. "Counterfactual thinking, persistence, and performance: A test of the Reflection and Evaluation Model." *Journal of Experimental Social Psychology* 44, no. 2 (2008): 421–28.（某些向下反事實思維也能提振表現，只不過例子並沒有對人事物進行評估的向上反事實思考那麼多。）

11. Roese, Neal J. "The functional basis of counterfactual thinking." *Journal of Personality and Social Psychology* 66, no. 5 (1994): 805.

12. Markman, Keith D., Igor Gavanski, Steven J. Sherman, and Matthew N. McMullen. "The mental simulation of better and worse possible worlds." *Journal of Experimental Social Psychology* 29, no. 1 (1993): 87–109.

13. Galinsky, Adam D., and Gordon B. Moskowitz. "Counterfactuals as behavioral primes: Priming the simulation heuristic and consideration of alternatives." *Journal of Experimental Social Psychology* 36, no. 4 (2000): 384–409.（此時，似乎是反事實思維本身在發揮作用，而不受反事實思維的方向所影響。）亦參見Saffrey, Colleen, Amy Summerville, and Neal J. Roese. "Praise for regret: People value regret above other negative emotions." *Motivation and Emotion* 32, no. 1 (2008): 46–54.

14. Gao, Hongmei, Yan Zhang, Fang Wang, Yan Xu, Ying-Yi Hong, and Jiang Jiang. "Regret causes ego-depletion and finding benefits in the regrettable events alleviates ego-depletion." *Journal of General Psychology* 141, no. 3 (2014): 169–206.

15. Wang, Yang, Benjamin F. Jones, and Dashun Wang. "Early-career setback and future career impact." *Nature Communications* 10, no. 1 (2019): 1–10.（有幾位以些微差距失之交臂的科學家顯然離開了這個圈子，或至少沒有再申請後續提供的許多補助金。但研究人員認為，不能用剔除能力也許較差的科學家，來解釋當中的差異。）

16. Kray, Laura J., Linda G. George, Katie A. Liljenquist, Adam D. Galinsky, Philip E. Tetlock, and Neal J. Roese. "From what might have been to what must have been: Counterfactual thinking creates meaning." *Journal of Personality and Social Psychology* 98, no. 1 (2010): 106. 亦參見Choi, Hyeman, and Keith D. Markman. "'If only I had' versus 'If only I had not': Mental deletions, mental additions, and perceptions of meaning in life events." *Journal of Positive Psychology* 14, no. 5 (2019): 672–80.（減法反事實思維比加法反事實思維更能賦予意義感，經常幫助人們替未來做好準備。）

275

17. Roese, Neal J., and Kai Epstude. "The functional theory of counterfactual thinking: New evidence, new challenges, new insights." In *Advances in experimental social psychology*, vol. 56, 1–79. Academic Press, 2017; Heintzelman, Samantha J., Justin Christopher, Jason Trent, and Laura A. King. "Counterfactual thinking about one's birth enhances well-being judgments." *Journal of Positive Psychology* 8, no. 1 (2013): 44–49.

18. Ersner-Hershfield, Hal, Adam D. Galinsky, Laura J. Kray, and Brayden G. King. "Company, country, connections: Counterfactual origins increase organizational commitment, patriotism, and social investment." *Psychological Science* 21, no. 10 (2010): 1479–86.

19. Stewart, Abigail J., and Elizabeth A. Vandewater. "If I had it to do over again... Midlife review, midcourse corrections, and women's well-being in midlife." *Journal of Personality and Social Psychology* 76, no. 2 (1999): 270.

20. James, William. *The principles of psychology*. Vols. 1–2. Pantianos Classics, 2021, 432–33.

21. Fiske, Susan T. "Thinking is for doing: Portraits of social cognition from daguerreotype to laserphoto." *Journal of Personality and Social Psychology* 63, no. 6 (1992): 877.

22. Hendel, Hilary Jacobs. "Ignoring your emotions is bad for your health. Here's what to do about it." *Time*, February 27, 2018.

23. 針對此論點的精彩評論，參見Lukianoff, Greg, and Jonathan Haidt. *The coddling of the American mind: How good intentions and bad ideas are setting up a generation for failure.* New York: Penguin Books, 2019. （中文版《為什麼我們製造出玻璃心世代？：本世紀最大規模心理危機，看美國高等教育的「安全文化」如何讓下一代變得脆弱、反智、反民主》，麥田，二〇二〇年出版）

24. Monroe, Michelle Renee, John J. Skowronski, William MacDonald, and Sarah E. Wood. "The mildly depressed experience more post-decisional regret than the non-depressed." *Journal of Social and Clinical Psychology* 24, no. 5 (2005): 665–90; Callander, Gemma, Gary P. Brown, Philip Tata, and Lesley Regan. "Counterfactual thinking and psychological distress following recurrent miscarriage." *Journal of Reproductive and Infant Psychology* 25, no. 1 (2007): 51–65; Gilbar, Ora, Nirit Plivazky, and Sharon Gil. "Counterfactual thinking, coping strategies, and coping resources as predictors of PTSD diagnosed in physically injured victims

of terror attacks." *Journal of Loss and Trauma* 15, no. 4 (2010): 304–24.

25. Saffrey, Colleen, Amy Summerville, and Neal J. Roese. "Praise for regret: People value regret above other negative emotions." *Motivation and Emotion* 32, no. 1 (2008): 46–54.

26. Broomhall, Anne Gene, Wendy J. Phillips, Donald W. Hine, and Natasha M. Loi. "Upward counterfactual thinking and depression: A meta-analysis." *Clinical Psychology Review* 55 (2017): 56–73; Roese, Neal J., Kai Epstude, Florian Fessel, Mike Morrison, Rachel Smallman, Amy Summerville, Adam D. Galinsky, and Suzanne Segerstrom. "Repetitive regret, depression, and anxiety: Findings from a nationally representative survey." *Journal of Social and Clinical Psychology* 28, no. 6 (2009): 671–88.

27. Zeelenberg, Marcel, and Rik Pieters. "A theory of regret regulation 1.0." *Journal of Consumer Psychology* 17, no. 1 (2007): 3–18. 澤倫貝赫與彼得斯主張「感覺促成行動」（feeling is for doing），並指出負向情感是「可讓生物得知必須改正行動和展開思考的訊號。」

28. Crum, Alia J., Peter Salovey, and Shawn Achor. "Rethinking stress: The role of mindsets in determining the stress response." *Journal of Personality and Social Psychology* 104, no. 4 (2013): 716.

29. Ford, Brett Q., Phoebe Lam, Oliver P. John, and Iris B. Mauss. "The psychological health benefits of accepting negative emotions and thoughts: Laboratory, diary, and longitudinal evidence." *Journal of Personality and Social Psychology* 115, no. 6 (2018): 1075.

30. Kray, Laura J., Linda G. George, Katie A. Liljenquist, Adam D. Galinsky, Philip E. Tetlock, and Neal J. Roese. "From what might have been to what must have been: Counterfactual thinking creates meaning." *Journal of Personality and Social Psychology* 98, no. 1 (2010): 106.

31. Lippke, Andrea Codrington. "In make-do objects, collectors find beauty beyond repair." *New York Times*, December 15, 2010.

第5章　後悔的表面意義

1. U.S. Department of Commerce, Bureau of the Census, Current Population Reports (Series P-20, No. 45), October 22, 1953. Table 11.

2. Erskine, Hazel. "The polls: Hopes, fears, and regrets." *Public Opinion Quarterly* 37, no. 1 (1973): 132–45.

3. Landman, Janet, and Jean D. Manis. "What might have been: Counterfactual thought concerning personal decisions." *British Journal of Psychology* 83, no. 4 (1992): 473–77.

4. Metha, Arlene T., Richard T. Kinnier, and Ellen H. McWhirter. "A pilot study on the regrets and priorities of women." *Psychology of Women Quarterly* 13, no. 2 (1989): 167–74.

5. Lecci, Len, Morris A. Okun, and Paul Karoly. "Life regrets and current goals as predictors of psychological adjustment." *Journal of Personality and Social Psychology* 66, no. 4 (1994): 731.

6. DeGenova, Mary Kay. "If you had your life to live over again: What would you do differently?" *International Journal of Aging and Human Development* 34, no. 2 (1992): 135–43.

7. Gilovich, Thomas, and Victoria Husted Medvec. "The temporal pattern to the experience of regret." *Journal of Personality and Social Psychology* 67, no. 3 (1994): 357.

8. Hattiangadi, Nina, Victoria Husted Medvec, and Thomas Gilovich. "Failing to act: Regrets of Terman's geniuses." *International Journal of Aging and Human Development* 40, no. 3 (1995): 175–85.（這些小天才在路易斯‧特曼（Lewis Terman）一九二〇年代展開的研究中暱稱為「白蟻」（Termites）。特曼與同事持續追蹤了這些實驗對象的一生經歷。）

9. Roese, Neal J., and Amy Summerville. "What we regret most... and why." *Personality and Social Psychology Bulletin* 31, no. 9 (2005): 1273–85.

10. Morrison, Mike, and Neal J. Roese. "Regrets of the typical American: Findings from a nationally representative sample." *Social Psychological and Personality Science* 2, no. 6 (2011): 576–83.

第6章　四種核心遺憾

1. Chomsky, Noam. *Syntactic structures.* New York: De Gruyter Mouton, 2009（中文版《句法結構》，結構群，一九八九年出版）; Chomsky, Noam. *Deep structure, surface structure and semantic interpretation.* New York: De Gruyter Mouton, 2019; Anderson, Stephen R. "On the role of deep structure in semantic interpretation." *Foundations of Language* (1971): 387–96.

2. Chomsky, Noam. *Aspects of the theory of syntax.* Cambridge, MA: MIT

Press, 1965.

第7章　根基遺憾

1. O'Donoghue, Ted, and Matthew Rabin. "Doing it now or later." *American Economic Review* 89, no. 1 (1999): 103–124; Frederick, Shane, George Loewenstein, and Ted O'Donoghue. "Time discounting and time preference: A critical review." *Journal of Economic Literature* 40, no. 2 (2002): 351–401.

2. Robbins, Jamie E., Leilani Madrigal, and Christopher T. Stanley. "Retrospective remorse: College athletes' reported regrets from a single season." *Journal of Sport Behavior* 38, no. 2 (2015).

3. Hemingway, Ernest. *The sun also rises*. New York: Scribner, 1954.（中文版《太陽依舊升起》，逗點文創結社，二〇一五年出版）

4. Wagenaar, William A., and Sabato D. Sagaria. "Misperception of exponential growth." *Perception and Psychophysics* 18, no. 6 (1975): 416–22; Levy, Matthew, and Joshua Tasoff. "Exponential-growth bias and lifecycle consumption." *Journal of the European Economic Association* 14, no. 3 (2016): 545–83.

5. Jones, Edward E., and Victor A. Harris. "The attribution of attitudes." *Journal of Experimental Social Psychology* 3, no. 1 (1967): 1–24; Kelley, Harold H. "The processes of causal attribution." *American Psychologist* 28, no. 2 (1973): 107; Bem, Daryl J. "Self-perception theory." In *Advances in experimental social psychology*, vol. 6, 1–62. Academic Press, 1972; Ross, Lee. "The intuitive psychologist and his shortcomings: Distortions in the attribution process." In *Advances in experimental social psychology*, vol. 10, 173–220. Academic Press, 1977; Henrich, Joseph, Steven J. Heine, and Ara Norenzayan. "The weirdest people in the world?" *Behavioral and Brain Sciences* 33, no. 2–3 (2010): 61–83.

第8章　勇氣遺憾

1. Costa, Paul T., and Robert R. McCrae. "Revised NEO personality inventory (NEO-PI-R) and NEO five-factor inventory (NEO-FFI)." *Psychological Assessment Resources* (1992); Ones, Deniz S., and Stephan Dilchert. "How special are executives? How special should executive selection be? Observations and recommendations." *Industrial and*

Organizational Psychology 2, no. 2 (2009): 163-70.

2. Margolis, Seth, and Sonja Lyubomirsky. "Experimental manipulation of extraverted and introverted behavior and its effects on well-being." *Journal of Experimental Psychology: General* 149, no. 4 (2020): 719. See also Kuijpers, E., J. Pickett, B. Wille, and J. Hofmans. 1 "Do you feel better when you behave more extraverted than you are? The relationship between cumulative counterdispositional extraversion and positive feelings." *Personality and Social Psychology Bulletin* (2021): 01461672211015062.

3. Gilovich, Thomas, and Victoria Husted Medvec. "Do you feel better when you behave more extraverted than you are? *Journal of personality and social psychology* 67, no. 3 (1994): 357; Gilovich, Thomas, and Victoria Husted Medvec. "The experience of regret: What, when, and why." *Psychological review* 102, no. 2 (1995): 379.

4. Gilovich, Thomas, Ranxiao Frances Wang, Dennis Regan, and Sadafumi Nishina. "Regrets of action and inaction across cultures." *Journal of Cross-Cultural Psychology* 34, no. 1 (2003): 61–71. See also Chen, Jing, Chi-Yue Chiu, Neal J. Roese, Kim-Pong Tam, and Ivy Yee-Man Lau. "Culture and counterfactuals: On the importance of life domains." *Journal of Cross-Cultural Psychology* 37, no. 1 (2006): 75-84.

5. Gilovich, Thomas, and Victoria Husted Medvec. "The temporal pattern to the experience of regret." *Journal of personality and social psychology* 67, no. 3 (1994): 357; Gilovich, Thomas, and Victoria Husted Medvec. "The experience of regret: What, when, and why." *Psychological review* 102, no. 2 (1995): 379; See also Savitsky, Kenneth, Victoria Husted Medvec, and Thomas Gilovich. "Remembering and regretting: The Zeigarnik effect and the cognitive availability of regrettable actions and inactions." *Personality and Social Psychology Bulletin* 23, no. 3 (1997): 248-57.

6. Nash, O. *The Best of Ogden Nash*. Chicago: Ivan R. Dee, 2007.

第9章　道德遺憾

1. Haidt, Jonathan. *The righteous mind: Why good people are divided by politics and religion*. New York: Vintage, 2012.（中文版《好人總是自以為是：政治與宗教如何將我們四分五裂》，網路與書，二〇二二年出版）我也推薦大家閱讀海德特的其他著作：Lukianoff, Greg, and

Jonathan Haidt. *The coddling of the American mind: How good intentions and bad ideas are setting up a generation for failure.* New York: Penguin Books, 2019（中文版《為什麼我們製造出玻璃心世代？：本世紀最大規模心理危機，看美國高等教育的「安全文化」如何讓下一代變得脆弱、反智、反民主》，麥田，二○二○年出版）; Haidt, Jonathan. *The happiness hypothesis: Finding modern truth in ancient wisdom.* New York: Basic Books, 2006.（中文版《象與騎象人：全球百大思想家的正向心理學經典》，究竟，二○二○年出版）

2. Haidt, Jonathan. "The emotional dog and its rational tail: A social intuitionist approach to moral judgment." *Psychological Review* 108, no. 4 (2001): 814; Haidt, Jonathan, Fredrik Bjorklund, and Scott Murphy. "Moral dumbfounding: When intuition finds no reason." 未出版文稿, University of Virginia (2000): 191–221.

3. Graham, Jesse, Jonathan Haidt, and Brian A. Nosek. "Liberals and conservatives rely on different sets of moral foundations." *Journal of Personality and Social Psychology* 96, no. 5 (2009): 1029.

4. Graham, Jesse, Jonathan Haidt, Sena Koleva, Matt Motyl, Ravi Iyer, Sean P. Wojcik, and Peter H. Ditto. "Moral foundations theory: The pragmatic validity of moral pluralism." In *Advances in experimental social psychology*, vol. 47, 55–130. Academic Press, 2013.

5. Graham, Jesse, Jonathan Haidt, Sena Koleva, Matt Motyl, Ravi Iyer, Sean P. Wojcik, and Peter H. Ditto. "Moral foundations theory: The pragmatic validity of moral pluralism." In *Advances in experimental social psychology*, vol. 47, 55–130. Academic Press, 2013.

6. Graham, Jesse, Jonathan Haidt, Matt Motyl, Peter Meindl, Carol Iskiwitch, and Marlon Mooijman. "Moral foundations theory." *Atlas of moral psychology* (2018): 211–22.

7. Lynd, Robert Staughton, and Helen Merrell Lynd. *Middletown: A study in contemporary American culture.* New York: Harcourt, Brace, and Company, 1929.

8. Haidt, Jonathan. *The righteous mind: Why good people are divided by politics and religion.* New York: Vintage, 2012, 163.（中文版《好人總是自以為是：政治與宗教如何將我們四分五裂》，網路與書，二○二二年出版）

9. "Americans' Abortion Views Steady in Past Year." https://news.gallup. com/poll/313094/americans-abortion-views-steady-past-year.aspx.

10. Durkheim, Emile. *The elementary forms of the religious life.* [1912]. New York: Free Press, 1965, 34.（中文版《宗教生活的基本形式》，桂冠，二〇〇七年出版）

第10章 人際遺憾

1. 這個組織基本上是「女性的兄弟會」，它並不像許多姐妹會那樣是與某個男性兄弟會有關的姊妹組織，但形式和功能與姐妹會類似，所以我仍稱之為「姐妹會」（sorority）。

2. Morrison, Mike, Kai Epstude, and Neal J. Roese. "Life regrets and the need to belong." *Social Psychological and Personality Science* 3, no. 6 (2012): 675–81.

3. 參見Eyal, Tal, Mary Steffel, and Nicholas Epley. "Perspective mistaking: Accurately understanding the mind of another requires getting perspective, not taking perspective." *Journal of Personality and Social Psychology* 114, no. 4 (2018): 547.

4. Epley, Nicholas, and Juliana Schroeder. "Mistakenly seeking solitude." *Journal of Experimental Psychology: General* 143, no. 5 (2014): 1980.

5. Boothby, Erica J., and Vanessa K. Bohns. "Why a simple act of kindness is not as simple as it seems: Underestimating the positive impact of our compliments on others." *Personality and Social Psychology Bulletin* (2020): 0146167220949003.

6. Miller, Dale T., and Cathy McFarland. "Pluralistic ignorance: When similarity is interpreted as dissimilarity." *Journal of Personality and Social Psychology* 53, no. 2 (1987): 298; Prentice, Deborah A., and Dale T. Miller. "Pluralistic ignorance and the perpetuation of social norms by unwitting actors." In *Advances in experimental social psychology*, vol. 28, 161–209. Academic Press, 1996; Prentice, Deborah A., and Dale T. Miller. "Pluralistic ignorance and alcohol use on campus: Some consequences of misperceiving the social norm." *Journal of Personality and Social Psychology* 64, no. 2 (1993): 243.

7. Mineo, Liz. "Good genes are nice, but joy is better." *Harvard Gazette* 11 (2017).

8. Mineo, Liz. "Good genes are nice, but joy is better." *Harvard Gazette* 11 (2017).

9. 其他研究得出的數據比較高，不過世界各地有這種想法的父母仍是極*少數*，參見Piotrowski, Konrad. "How many parents regret having children and how it is linked to their personality and health: Two studies with national samples in Poland." *PLOS One* 16, no. 7 (2021): e0254163.

10. Ko, Ahra, Cari M. Pick, Jung Yul Kwon, Michael Barlev, Jaimie Arona Krems, Michael EW Varnum, Rebecca Neel, et al. "Family matters: Rethinking the psychology of human social motivation." *Perspectives on Psychological Science* 15, no. 1 (2020): 173–201.

11. Vaillant, George E. "Happiness is love: Full stop." 未出版文稿 (2012).

第11章　把握機會，履行義務

1. Higgins, E. Tory. "Self-discrepancy: A theory relating self and affect." *Psychological Review* 94, no. 3 (1987): 319.

2. Davidai, Shai, and Thomas Gilovich. "The ideal road not taken: The self-discrepancies involved in people's most enduring regrets." *Emotion* 18, no. 3 (2018): 439.（他們也指出，理想我的狀態比較難達到，多半涉及抽象的價值觀，而非具體行為，也不像應該我與大環境的牽涉那麼深。）

3. 參見Joel, Samantha, Jason E. Plaks, and Geoff MacDonald. "Nothing ventured, nothing gained: People anticipate more regret from missed romantic opportunities than from rejection." *Journal of Social and Personal Relationships* 36, no. 1 (2019): 305–36.

4. Roese, Neal J., and Amy Summerville. "What we regret most... and why." *Personality and Social Psychology Bulletin* 31, no. 9 (2005): 1273–85.

5. 檢視北美與亞洲文化對後悔心態的差異，會更清楚這一點。雖然差別不是很大，但日本和韓國等地的人比較常提及人與人之間的憾事，而北美地區的人們則是較常提及以自我為導向的遺憾，參見Komiya, Asuka, Yuri Miyamoto, Motoki Watabe, and Takashi Kusumi. "Cultural grounding of regret: Regret in self and interpersonal contexts." *Cognition and Emotion* 25, no. 6 (2011): 1121–30; Hur, Taekyun, Neal J. Roese, and Jae-Eun Namkoong. "Regrets in the East and West: Role of intrapersonal versus interpersonal norms." *Asian Journal of Social Psychology* 12, no. 2 (2009): 151–56; Komiya, Asuka, Shigehiro Oishi, and Minha Lee. "The rural-urban difference in interpersonal regret." *Personality and Social Psychology Bulletin* 42, no. 4 (2016): 513–25.

第12章　消弭遺憾，發揮「至少心態」

1. Zeelenberg, Marcel, Joop van der Pligt, and Antony S. R. Manstead. "Undoing regret on Dutch television: Apologizing for interpersonal regrets involving actions or inactions." *Personality and Social Psychology Bulletin* 24, no. 10 (1998): 1113–19.

2. Goffman, Erving. *Relations in public.* New Brunswick, NJ: Transaction Publishers, 2009, 114.

3. Emmerling, Johannes, and Salmai Qari. "Car ownership and hedonic adaptation." *Journal of Economic Psychology* 61 (2017): 29–38.

4. 參見Gilbert, D. T., E. C. Pinel, T. D. Wilson, S. J. Blumberg, and T. P. Wheatley. "Immune neglect: A source of durability bias in affective forecasting." *Journal of Personality and Social Psychology* 75, no. 3 (1998): 617.

第13章　揭露、同理、抽離

1. Deaner, Robert O., Amit V. Khera, and Michael L. Platt. "Monkeys pay per view: Adaptive valuation of social images by rhesus macaques." *Current Biology* 15, no. 6 (2005): 543–48.

2. Tamir, Diana I., and Jason P. Mitchell. "Disclosing information about the self is intrinsically rewarding." *Proceedings of the National Academy of Sciences* 109, no. 21 (2012): 8038–43.

3. Tamir, Diana I., and Jason P. Mitchell. "Disclosing information about the self is intrinsically rewarding." *Proceedings of the National Academy of Sciences* 109, no. 21 (2012): 8038–43.

4. Frattaroli, Joanne. "Experimental disclosure and its moderators: A meta-analysis." *Psychological Bulletin* 132, no. 6 (2006): 823.

5. Tamir, Diana I., and Jason P. Mitchell. "Disclosing information about the self is intrinsically rewarding." *Proceedings of the National Academy of Sciences* 109, no. 21 (2012): 8038–43.

6. Lyubomirsky, Sonja, Lorie Sousa, and Rene Dickerhoof. "The costs and benefits of writing, talking, and thinking about life's triumphs and defeats." *Journal of Personality and Social Psychology* 90, no. 4 (2006): 692.

7. 參見Torre, Jared B., and Matthew D. Lieberman. "Putting feelings into

words: Affect labeling as implicit emotion regulation." *Emotion Review* 10, no. 2 (2018): 116–24.

8. Lyubomirsky, Sonja, Lorie Sousa, and Rene Dickerhoof. "The costs and benefits of writing, talking, and thinking about life's triumphs and defeats." *Journal of Personality and Social Psychology* 90, no. 4 (2006): 692. （粗體乃後來附加上去的強調標示）

9. Collins, Nancy L., and Lynn Carol Miller. "Self-disclosure and liking: A meta-analytic review." *Psychological Bulletin* 116, no. 3 (1994): 457. （粗體乃後來附加上去的強調標示）

10. Pennebaker, James W. "Putting stress into words: Health, linguistic, and therapeutic implications." *Behaviour Research and Therapy* 31, no. 6 (1993): 539–48; Pennebaker, James W., and Cindy K. Chung. "Expressive writing, emotional upheavals, and health." In Friedman, Howard S., and Roxane Cohen Silver, eds. *Foundations of health psychology*. New York: Oxford University Press, 2007; Pennebaker, James W. "Writing about emotional experiences as a therapeutic process." *Psychological Science* 8, no. 3 (1997): 162–66; Gortner, Eva-Maria, Stephanie S. Rude, and James W. Pennebaker. "Benefits of expressive writing in lowering rumination and depressive symptoms." *Behavior Therapy* 37, no. 3 (2006): 292–303.

11. Pennebaker, James W. "Writing about emotional experiences as a therapeutic process." *Psychological Science* 8, no. 3 (1997): 162–66.

12. Killham, Margo E., Amber D. Mosewich, Diane E. Mack, Katie E. Gunnell, and Leah J. Ferguson. "Women athletes' self-compassion, self-criticism, and perceived sport performance." *Sport, Exercise, and Performance Psychology* 7, no. 3 (2018): 297; Powers, Theodore A., Richard Koestner, David C. Zuroff, Marina Milyavskaya, and Amy A. Gorin. "The effects of self-criticism and self-oriented perfectionism on goal pursuit." *Personality and Social Psychology Bulletin* 37, no. 7 (2011): 964–75; Powers, Theodore A., Richard Koestner, and David C. Zuroff. "Self-criticism, goal motivation, and goal progress." *Journal of Social and Clinical Psychology* 26, no. 7 (2007): 826–40; Kamen, Leslie P., and Martin E. P. Seligman. "Explanatory style and health." *Current Psychology* 6, no. 3 (1987): 207–18; Buchanan, Gregory McClell, Martin E. P. Seligman, and Martin Seligman, eds. *Explanatory style*. New York: Routledge, 2013.

13. Baumeister, Roy F., Jennifer D. Campbell, Joachim I. Krueger, and

Kathleen D. Vohs. "Does high self-esteem cause better performance, interpersonal success, happiness, or healthier lifestyles?" *Psychological Science in the Public Interest* 4, no. 1 (2003): 1–44.

14. Baumeister, Roy F., Laura Smart, and Joseph M. Boden. "Relation of threatened egotism to violence and aggression: The dark side of high self-esteem." *Psychological Review* 103, no. 1 (1996): 5; Raskin, Robert, Jill Novacek, and Robert Hogan. "Narcissism, self-esteem, and defensive self-enhancement." *Journal of Personality* 59, no. 1 (1991): 19–38; Campbell, W. Keith, Eric A. Rudich, and Constantine Sedikides. "Narcissism, self-esteem, and the positivity of self-views: Two portraits of self-love." *Personality and Social Psychology Bulletin* 28, no. 3 (2002): 358–68; Aberson, Christopher L., Michael Healy, and Victoria Romero. "Ingroup bias and self-esteem: A meta-analysis." *Personality and Social Psychology Review* 4, no. 2 (2000): 157–73.

15. Neff, Kristin D., Kristin L. Kirkpatrick, and Stephanie S. Rude. "Self-compassion and adaptive psychological functioning." *Journal of Research in Personality* 41, no. 1 (2007): 139–54.

16. Ferrari, Madeleine, Caroline Hunt, Ashish Harrysunker, Maree J. Abbott, Alissa P. Beath, and Danielle A. Einstein. "Self-compassion interventions and psychosocial outcomes: A meta-analysis of RCTs." *Mindfulness* 10, no. 8 (2019): 1455–73; Neff, Kristin D., and Christopher K. Germer. "A pilot study and randomized controlled trial of the mindful self-compassion program." *Journal of Clinical Psychology* 69, no. 1 (2013): 28–44.

17. Neff, Kristin D., Stephanie S. Rude, and Kristin L. Kirkpatrick. "An examination of self-compassion in relation to positive psychological functioning and personality traits." *Journal of Research in Personality* 41, no. 4 (2007): 908–16.

18. Neff, Kristin D., and Christopher K. Germer. "A pilot study and randomized controlled trial of the mindful self-compassion program." *Journal of Clinical Psychology* 69, no. 1 (2013): 28–44.

19. Mahmoud, Mohebi, and Zarei Sahar. "The relationship between mental toughness and self-compassion in elite and non-elite adolescent taekwondo athletes." *Journal of Motor and Behavioral Sciences* 2, no. 1 (2019): 21–31.

20. Neff, Kristin D. "Self-compassion, self-esteem, and well-being." *Social and Personality Psychology Compass* 5, no. 1 (2011): 1–12.

21. Greenberg, Jonathan, Tanya Datta, Benjamin G. Shapero, Gunes Sevinc, David Mischoulon, and Sara W. Lazar. "Compassionate hearts protect against wandering minds: Self-compassion moderates the effect of mind-wandering on depression." *Spirituality in Clinical Practice* 5, no. 3 (2018): 155.

22. Neff, Kristin D., Ya-Ping Hsieh, and Kullaya Dejitterat. "Self-compassion, achievement goals, and coping with academic failure." *Self and Identity* 4, no. 3 (2005): 263–87.

23. Zessin, Ulli, Oliver Dickhäuser, and Sven Garbade. "The relationship between self-compassion and well-being: A meta-analysis." *Applied Psychology: Health and Well-Being* 7, no. 3 (2015): 340–64.

24. Winders, Sarah-Jane, Orlagh Murphy, Kathy Looney, and Gary O'Reilly. "Self-compassion, trauma, and posttraumatic stress disorder: A systematic review." *Clinical Psychology and Psychotherapy* 27, no. 3 (2020): 300–329; Hiraoka, Regina, Eric C. Meyer, Nathan A. Kimbrel, Bryann B. DeBeer, Suzy Bird Gulliver, and Sandra B. Morissette. "Self-compassion as a prospective predictor of PTSD symptom severity among trauma-exposed US Iraq and Afghanistan war veterans." *Journal of Traumatic Stress* 28, no. 2 (2015): 127–33.

25. Phillips, Wendy J., and Donald W. Hine. "Self-compassion, physical health, and health behaviour: A meta-analysis." *Health Psychology Review* 15, no. 1 (2021): 113–39.

26. Zhang, Jia Wei, and Serena Chen. "Self-compassion promotes personal improvement from regret experiences via acceptance." *Personality and Social Psychology Bulletin* 42, no. 2 (2016): 244–58.

27. 參見Breines, Juliana G., and Serena Chen. "Self-compassion increases self-improvement motivation." *Personality and Social Psychology Bulletin* 38, no. 9 (2012): 1133–43.

28. Neff, Kristin D. "Self-compassion, self-esteem, and well-being." *Social and Personality Psychology Compass* 5, no. 1 (2011): 1–12.

29. Kross, Ethan, and Özlem Ayduk. "Making meaning out of negative experiences by self-distancing." *Current Directions in Psychological Science* 20, no. 3 (2011): 187–91.

30. Kross, Ethan, Özlem Ayduk, and Walter Mischel. "When asking 'why' does not hurt distinguishing rumination from reflective processing of

negative emotions." *Psychological Science* 16, no. 9 (2005): 709–15.

31. Kross, Ethan, and Özlem Ayduk. "Self-distancing: Theory, research, and current directions." In *Advances in experimental social psychology*, vol. 55, 81–136. Academic Press, 2017.

32. Grossmann, Igor, Anna Dorfman, Harrison Oakes, Henri C. Santos, Kathleen D. Vohs, and Abigail A. Scholer. "Training for wisdom: The distanced-self-reflection diary method." *Psychological Science* 32, no. 3 (2021): 381–94.

33. Ayduk, Özlem, and Ethan Kross. "Enhancing the pace of recovery: Self-distanced analysis of negative experiences reduces blood pressure reactivity." *Psychological Science* 19, no. 3 (2008): 229–31.

34. Grossmann, Igor, and Ethan Kross. "Exploring Solomon's paradox: Self-distancing eliminates the self-other asymmetry in wise reasoning about close relationships in younger and older adults." *Psychological Science* 25, no. 8 (2014): 1571–80.

35. Leitner, Jordan B., Özlem Ayduk, Rodolfo Mendoza-Denton, Adam Magerman, Rachel Amey, Ethan Kross, and Chad E. Forbes. "Self-distancing improves interpersonal perceptions and behavior by decreasing medial prefrontal cortex activity during the provision of criticism." *Social Cognitive and Affective Neuroscience* 12, no. 4 (2017): 534–43. 亦參見 Waytz, Adam, Hal E. Hershfield, and Diana I. Tamir. "Mental simulation and meaning in life." *Journal of Personality and Social Psychology* 108, no. 2 (2015): 336.

36. Thomas, Manoj, and Claire I. Tsai. "Psychological distance and subjective experience: How distancing reduces the feeling of difficulty." *Journal of Consumer Research* 39, no. 2 (2012): 324–40.

37. Kross, Ethan, and Özlem Ayduk. "Self-distancing: Theory, research, and current directions." In *Advances in experimental social psychology*, vol. 55, 81–136. Academic Press, 2017.

38. Bruehlman-Senecal, Emma, and Özlem Ayduk. "This too shall pass: Temporal distance and the regulation of emotional distress." *Journal of Personality and Social Psychology* 108, no. 2 (2015): 356.

39. Rim, SoYon, and Amy Summerville. "How far to the road not taken? The effect of psychological distance on counterfactual direction." *Personality and Social Psychology Bulletin* 40, no. 3 (2014): 391–401.

40. Kross, Ethan, and Özlem Ayduk. "Self-distancing: Theory, research, and current directions." In *Advances in experimental social psychology*, vol. 55, 81–136. Academic Press, 2017.

41. Grossmann, Igor, Anna Dorfman, Harrison Oakes, Henri C. Santos, Kathleen D. Vohs, and Abigail A. Scholer. "Training for wisdom: The distanced-self-reflection diary method." *Psychological Science* 32, no. 3 (2021): 381–94. 亦參見Kross, Ethan, Emma Bruehlman-Senecal, Jiyoung Park, Aleah Burson, Adrienne Dougherty, Holly Shablack, Ryan Bremner, Jason Moser, and Özlem Ayduk. "Self-talk as a regulatory mechanism: How you do it matters." *Journal of Personality and Social Psychology* 106, no. 2 (2014): 304.

42. Dolcos, Sanda, and Dolores Albarracín. "The inner speech of behavioral regulation: Intentions and task performance strengthen when you talk to yourself as a You." *European Journal of Social Psychology* 44, no. 6 (2014): 636–42.

43. Orvell, Ariana, Ethan Kross, and Susan A. Gelman. "How 'you' makes meaning." *Science* 355, no. 6331 (2017): 1299–1302.

44. Kross, Ethan, Brian D. Vickers, Ariana Orvell, Izzy Gainsburg, Tim P. Moran, Margaret Boyer, John Jonides, Jason Moser, and Özlem Ayduk. "Third-person self-talk reduces Ebola worry and risk perception by enhancing rational thinking." *Applied Psychology: Health and Well-Being* 9, no. 3 (2017): 387–409.

45. Moser, Jason S., Adrienne Dougherty, Whitney I. Mattson, Benjamin Katz, Tim P. Moran, Darwin Guevarra, Holly Shablack, et al. "Third-person self-talk facilitates emotion regulation without engaging cognitive control: Converging evidence from ERP and fMRI." *Scientific Reports* 7, no. 1 (2017): 1–9.

46. 這個例子出自我非常喜歡的一本商業類書籍：Heath, Chip, and Dan Heath. *Decisive: How to make better choices in life and work*. New York: Random House, 2013.（中文版《零偏見決斷法：如何擊退阻礙工作與生活的四大惡棍，用好決策扭轉人生》，大塊文化，二〇一三年出版）

47. Koo, Minkyung, Sara B. Algoe, Timothy D. Wilson, and Daniel T. Gilbert. "It's a wonderful life: Mentally subtracting positive events improves people's affective states, contrary to their affective forecasts." *Journal of Personality and Social Psychology* 95, no. 5 (2008): 1217.

第14章　預知後悔

1. 完整故事以及諾貝爾設立獎項的深層動機並不清楚，有一些事蹟有不一樣的解釋，參見Lenon, Troy. "Swedish inventor Alfred Nobel was spurred by his obituary to create the Nobel Prize." *Daily Telegraph*, April 12, 2018; Andrews, Evan. "Did a premature obituary inspire the Nobel Prize?" History.com, July 23, 2020. 可至https://www.history.com/news/did-a-premature-obituary-inspire-the-nobel-prize. 但這個故事一再廣為流傳，連諾貝爾獎獲獎者都在致詞時提及，參見Gore, Al. "The Nobel lecture given by the Nobel Peace Prize laureate 2007, Al Gore (Oslo, December 10, 2007)." The Nobel Foundation, Oslo (2007).

2. Chapman, Joyce. "Leveraging regret: Maximizing survey participation at the Duke University Libraries." Ithaka S+R blog, May 23, 2017. 可至https://sr.ithaka.org/blog/leveraging-regret-maximizing-survey-participation-at-the-duke-university-libraries/.

3. 參見Haisley, Emily, Kevin G. Volpp, Thomas Pellathy, and George Loewenstein. "The impact of alternative incentive schemes on completion of health risk assessments." *American Journal of Health Promotion* 26, no. 3 (2012): 184–88; Zeelenberg, Marcel, and Rik Pieters. "Consequences of regret aversion in real life: The case of the Dutch postcode lottery." *Organizational Behavior and Human Decision Processes* 93, no. 2 (2004): 155–68. 但殘念樂透並非總是有效，參見Gandhi, Linnea, Katherine L. Milkman, Sean Ellis, Heather Graci, Dena Gromet, Rayyan Mobarak, Alison Buttenheim, et al. "An experiment evaluating the impact of large-scale, high-payoff vaccine regret lotteries." *High-Payoff Vaccine Regret Lotteries (August 13, 2021)* (2021). （費城為了提高新冠肺炎疫苗注射率所舉辦的殘念樂透，幾乎沒有什麼效果。）

4. Tversky, Amos, and Daniel Kahneman. "Advances in prospect theory: Cumulative representation of uncertainty." *Journal of Risk and Uncertainty* 5, no. 4 (1992): 297–323.

5. Ravert, Russell D., Linda Y. Fu, and Gregory D. Zimet. "Young adults' COVID-19 testing intentions: The role of health beliefs and anticipated regret." *Journal of Adolescent Health* 68, no. 3 (2021): 460–63.

6. Wolff, Katharina. "COVID-19 vaccination intentions: The theory of planned behavior, optimistic bias, and anticipated regret." *Frontiers in Psychology* 12 (2021).

7. Brewer, Noel T., Jessica T. DeFrank, and Melissa B. Gilkey. "Anticipated

regret and health behavior: A meta-analysis." *Health Psychology* 35, no. 11 (2016): 1264.

8. Abraham, Charles, and Paschal Sheeran. "Deciding to exercise: The role of anticipated regret." *British Journal of Health Psychology* 9, no. 2 (2004): 269–78.

9. Steptoe, Andrew, Linda Perkins-Porras, Elisabeth Rink, Sean Hilton, and Francesco P. Cappuccio. "Psychological and social predictors of changes in fruit and vegetable consumption over 12 months following behavioral and nutrition education counseling." *Health Psychology* 23, no. 6 (2004): 574.

10. Penṭa, Marcela A., Irina Catrinel Crăciun, and Adriana Băban. "The power of anticipated regret: Predictors of HPV vaccination and seasonal influenza vaccination acceptability among young Romanians." *Vaccine* 38, no. 6 (2020): 1572–78.

11. Chapman, Gretchen B., and Elliot J. Coups. "Emotions and preventive health behavior: Worry, regret, and influenza vaccination." *Health Psychology* 25, no. 1 (2006): 82.

12. Richard, Rene, Nanne K. de Vries, and Joop van der Pligt. "Anticipated regret and precautionary sexual behavior." *Journal of Applied Social Psychology* 28, no. 15 (1998): 1411–28.

13. Ahn, Jisoo, and Lee Ann Kahlor. "No regrets when it comes to your health: Anticipated regret, subjective norms, information insufficiency, and intent to seek health information from multiple sources." *Health Communication* 35, no. 10 (2020): 1295–1302.

14. de Nooijer, Jascha, Lilian Lechner, Math Candel, and Hein de Vries. "Short-and long-term effects of tailored information versus general information on determinants and intentions related to early detection of cancer." *Preventive Medicine* 38, no. 6 (2004): 694–703.

15. Elliott, Mark A., and James A. Thomson. "The social cognitive determinants of offending drivers' speeding behaviour." *Accident Analysis and Prevention* 42, no. 6 (2010): 1595–1605.

16. Sandberg, Tracy, and Mark Conner. "A mere measurement effect for anticipated regret: Impacts on cervical screening attendance." *British Journal of Social Psychology* 48, no. 2 (2009): 221–36.

17. Conner, Mark, Tracy Sandberg, Brian McMillan, and Andrea Higgins.

"Role of anticipated regret, intentions, and intention stability in adolescent smoking initiation." *British Journal of Health Psychology* 11, no. 1 (2006): 85–101.

18. Carfora, Valentina, Daniela Caso, and Mark Conner. "Randomised controlled trial of a text messaging intervention for reducing processed meat consumption: The mediating roles of anticipated regret and intention." *Appetite* 117 (2017): 152–60.

19. Kaiser, Florian G. "A moral extension of the theory of planned behavior: Norms and anticipated feelings of regret in conservationism." *Personality and Individual Differences* 41, no. 1 (2006): 71–81.

20. Mayes, Liz. "At this workshop, writing your own obit means analyzing your past—or future." *Washington Post*, December 10, 2019.

21. Klein, Gary. "Performing a project premortem." *Harvard Business Review* 85, no. 9 (2007): 18–19. （細心的讀者會注意到，「事前驗屍」曾出現在我的另一本著作Pink, Daniel H. *When: The scientific secrets of perfect timing.* New York: Riverhead, 2019, 107–108.（中文版《什麼時候是好時候：掌握完美時機的科學祕密》，大塊文化，二〇一八年出版））

22. Stillman, Jessica. "How Amazon's Jeff Bezos made one of the toughest decisions of his career." *Inc.*, June 13, 2016.

23. Wilson, Timothy D., and Daniel T. Gilbert. "Affective forecasting: Knowing what to want." *Current Directions in Psychological Science* 14, no. 3 (2005): 131–34; Gilbert, Daniel T., Matthew D. Lieberman, Carey K. Morewedge, and Timothy D. Wilson. "The peculiar longevity of things not so bad." *Psychological Science* 15, no. 1 (2004): 14–19. 亦參見 Crawford, Matthew T., Allen R. McConnell, Amy C. Lewis, and Steven J. Sherman. "Reactance, compliance, and anticipated regret." *Journal of Experimental Social Psychology* 38, no. 1 (2002): 56–63.

24. Gilbert, Daniel T., Carey K. Morewedge, Jane L. Risen, and Timothy D. Wilson. "Looking forward to looking backward: The misprediction of regret." *Psychological Science* 15, no. 5 (2004): 346–50. 亦參見Sevdalis, Nick, and Nigel Harvey. "Biased forecasting of postdecisional affect." *Psychological Science* 18, no. 8 (2007): 678–81.

25. Simonson, Itamar. "The influence of anticipating regret and responsibility on purchase decisions." *Journal of Consumer Research* 19, no. 1 (1992): 105–118.

26. Bar-Hillel, Maya, and Efrat Neter. "Why are people reluctant to exchange lottery tickets?" *Journal of Personality and Social Psychology* 70, no. 1 (1996): 17; Risen, Jane L., and Thomas Gilovich. "Another look at why people are reluctant to exchange lottery tickets." *Journal of Personality and Social Psychology* 93, no. 1 (2007): 12.（人們也相信，交換彩券會使手中彩券的中獎機率提高。）

27. van de Ven, Niels, and Marcel Zeelenberg. "Regret aversion and the reluctance to exchange lottery tickets." *Journal of Economic Psychology* 32, no. 1 (2011): 194–200.

28. Beattie, Jane, Jonathan Baron, John C. Hershey, and Mark D. Spranca. "Psychological determinants of decision attitude." *Journal of Behavioral Decision Making* 7, no. 2 (1994): 129–44; Wake, Sean, Jolie Wormwood, and Ajay B. Satpute. "The influence of fear on risk taking: A meta-analysis." *Cognition and Emotion* 34, no. 6 (2020): 1143–59; McConnell, Allen R., Keith E. Niedermeier, Jill M. Leibold, Amani G. El-Alayli, Peggy P. Chin, and Nicole M. Kuiper. "What if I find it cheaper someplace else? Role of prefactual thinking and anticipated regret in consumer behavior." *Psychology and Marketing* 17, no. 4 (2000): 281–98.（價格保證可解決顧客擔心日後價格會更便宜而不購物的消費者惰性。）

29. Larrick, Richard P., and Terry L. Boles. "Avoiding regret in decisions with feedback: A negotiation example." *Organizational Behavior and Human Decision Processes* 63, no. 1 (1995): 87–97.

30. Merry, Justin W., Mary Kate Elenchin, and Renee N. Surma. "Should students change their answers on multiple choice questions?" *Advances in Physiology Education* 45, no. 1 (2021): 182–90; Princeton Review. "Fourteen avoidable mistakes you make on test day." 可至https://www.princetonreview.com/college-advice/test-day-mistakes.

31. Merry, Justin W., Mary Kate Elenchin, and Renee N. Surma. "Should students change their answers on multiple choice questions?" *Advances in Physiology Education* 45, no. 1 (2021): 182–90; Bauer, Daniel, Veronika Kopp, and Martin R. Fischer. "Answer changing in multiple choice assessment: Change that answer when in doubt—and spread the word!" *BMC Medical Education* 7, no. 1 (2007): 1–5; Couchman, Justin J., Noelle E. Miller, Shaun J. Zmuda, Kathryn Feather, and Tina Schwartzmeyer. "The instinct fallacy: The metacognition of answering and revising during

college exams." *Metacognition and Learning* 11, no. 2 (2016): 171–85.
（重要的其實不是直覺，而是後設認知（metacognition，又譯統合認知），亦即學生對其答案是否具強烈的信心。）

32. Kruger, Justin, Derrick Wirtz, and Dale T. Miller. "Counterfactual thinking and the first instinct fallacy." *Journal of Personality and Social Psychology* 88, no. 5 (2005): 725.

33. Simon, Herbert A. "Rational choice and the structure of the environment." *Psychological Review* 63, no. 2 (1956): 129; Simon, Herbert A. "Rational decision making in business organizations." *American Economic Review* 69, no. 4 (1979): 493–513.

34. Schwartz, Barry, Andrew Ward, John Monterosso, Sonja Lyubomirsky, Katherine White, and Darrin R. Lehman. "Maximizing versus satisficing: Happiness is a matter of choice." *Journal of Personality and Social Psychology* 83, no. 5 (2002): 1178.

35. Schwartz, Barry, Andrew Ward, John Monterosso, Sonja Lyubomirsky, Katherine White, and Darrin R. Lehman. "Maximizing versus satisficing: Happiness is a matter of choice." *Journal of Personality and Social Psychology* 83, no. 5 (2002): 1178.（「人面臨的選擇愈多，做出次佳選擇的機率也就愈高。這樣的可能性會削弱實際選擇所產生的快樂感。」）

結語 遺憾與救贖

1. McAdams, Dan P., and P. J. Bowman. "Narrating life's turning points: Redemption and contamination: Narrative studies of lives in transition." In *Turns in the road: Narrative studies of lives in transition.* Washington, DC: American Psychological Association Press, 2001; McAdams, Dan P., Jeffrey Reynolds, Martha Lewis, Allison H. Patten, and Phillip J. Bowman. "When bad things turn good and good things turn bad: Sequences of redemption and contamination in life narrative and their relation to psychosocial adaptation in midlife adults and in students." *Personality and Social Psychology Bulletin* 27, no. 4 (2001): 474–85; McAdams, Dan P. "The psychology of life stories." *Review of General Psychology* 5, no. 2 (2001): 100–122; McAdams, Dan P. *The redemptive self: Stories Americans live by*, revised and expanded edition. New York: Oxford University Press, 2013.

國家圖書館出版品預行編目資料

後悔的力量：全面剖析「悔恨」背後的行為科學，將「遺憾」
化為高效行動力／丹尼爾‧品克（Daniel H. Pink）著；趙盛慈
譯. -- 初版. -- 臺北市：大塊文化出版股份有限公司, 2023.04
296面；14×20公分. --（from ; 144）
譯自：The power of regret : how looking backward moves us forward.
ISBN 978-626-7206-89-8（平裝）

1.CST：反省　2.CST：自我實現　3.CST：行為科學

176.44　　　　　　　　　　　　　　　　　　　112002767